品牌大渗透

解密品牌快速起步与持续增长的底层逻辑

HBG BRAND PENETRATION

麦青 Mandy 著

全国百佳图书出版单位

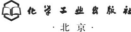

·北京·

内容简介

本书基于上百个品牌增长的实战案例,以颠覆性的品牌渗透增长理论,实操性的品牌操盘指导,帮助读者拨开花式营销迷雾,探索品牌增长的终极真相,解读品牌从0到1快速增长、从1到100持续增长的底层逻辑与实战方法,是一部系统的、全面的、适合应用于中国市场的品牌操盘、品牌增长、品牌营销的实战型理论书籍。

图书在版编目(CIP)数据

品牌大渗透:解密品牌快速起步与持续增长的底层逻辑/麦青Mandy著.—北京:化学工业出版社,2022.1(2025.5重印)
ISBN 978-7-122-40036-9

Ⅰ.①品… Ⅱ.①麦… Ⅲ.①品牌营销-研究 Ⅳ.①F713.3

中国版本图书馆CIP数据核字(2021)第203725号

责任编辑:林 俐　　　　　　　　　文字编辑:刘 璐
责任校对:王鹏飞　　　　　　　　　装帧设计:韩 飞

出版发行:化学工业出版社(北京市东城区青年湖南街13号　邮政编码100011)
印　　装:北京天宇星印刷厂
710mm×1000mm　1/16　印张14½　字数213千字　2025年5月北京第1版第5次印刷

购书咨询:010-64518888　　　　　　　售后服务:010-64518899
网　　址:http://www.cip.com.cn
凡购买本书,如有缺损质量问题,本社销售中心负责调换。

定　　价:79.00元　　　　　　　　　　　　　　版权所有　违者必究

无渗透，不增长

自从品牌营销、品牌增长成为一门学科以来，品牌书籍、品牌大师就层出不穷。其中花式噱头、演绎归纳居多，但缺乏真正基于大量品牌实战的案例、系统性的品牌操盘理论与指导。反而伴随着自媒体的发展，出现了很多乙方利用自媒体来告诉甲方（品牌方）应该如何操盘品牌，如何打造品牌的现象，网络上也经常出现如下颇有"亩产万斤"风范的标题：

如何不花 1 分钱让新产品月销百万件？

你离伟大的品牌还差一个 CGO（首席增长官）的距离！

只要品牌定位好，就能增长 10 个亿！

如何用互联网思维实现品牌快速增长？

……

作为一名实战操盘手，我曾经有幸亲自操盘过年销售额达数十亿元的全球品牌，也曾经从 0 到 1 白手起家建立过新品牌。在相当长的一段时间里，我也学习了诸多看似完美巧妙的品牌理论，拜读了诸多著作，并且也按照这些理论和行业里的被广泛认可的经验去操盘实践，却发现效果并不好，甚至许多理论无法投入实践；即便可以操作，也偏于碎片化，难以系统化整体通盘考虑。

经过无数次的失败，以及与上百位品牌创始人、操盘手深入讨论，发现行业内部的实战派经常会面临以下问题：为什么有的品牌没有清晰的定位和差异化的策略，甚至疯狂抄袭其他品牌，但依然增长迅猛？为什么有的品牌个性独特，并耗费巨资做了定位策划，但销量却依然疲软？为什么有的品牌格调很高，却很难增长？为什么有的品牌看起来很低端，却增长很快？为什么投入大量资金做网红营销，依然没有效果？为什么设置了CGO（Chief Growth Office，首席增长官），还是没有增长？为什么按照品牌大师的策略去实践，但不见成效？

这些问题显然不是目前"花式噱头"类的品牌理论所能解决的。对于品牌创始人和操盘手而言，现实中面对的问题往往非常复杂，不仅是品牌营销，还有销售增长、市场份额增长的压力，以及研发、供应链、财务、人员，甚至融资与现金流管理等复杂的系统性品牌操盘问题。所以，从"品牌打造或者品牌营销"的单一角度讨论品牌增长是不全面的，基于"经验"操作品牌是危险的。

2016年，当我将 *How Brands Grow* 一书（中文译名《非传统营销》）引入中国时，迅速得到了许多品牌创始人和操盘手的认可，也警醒了很多国内品牌界的同仁。他们意识到，原来仅仅凭借"经验感觉"或者"传统理念"操盘品牌是一件非常危险的事情。其实，品牌增长、品牌建设，甚至品牌营销都是相对科学、有规律可循的系统性工作。但因为《非传统营销》花了大半篇幅在颠覆传统品牌经验，而忽略了"如何科学建立品牌"的体系化研究输出，并且大部分是基于中国以外的市场研究，所以对于中国市场的实战缺乏一套全面、系统、具体且适合中国品牌的方法论，导致品牌实战派在落地实践时，遇到了极大的困难——虽然知道过去传统的品牌经验与品牌理念不正确、不符合实战现状，但也无法从此书中获得完整、具象、系统、正确的品牌方法论指引。

所以自2016年以来，经过与诸多品牌创始人、操盘手讨论后，建立了HBG品牌研究院（HBG不仅代表How Brand Grow，也代表Healthy Brand Growth，具有品牌健康、持续增长的内涵），期望自建一套适合中国品牌的国内市场增长以及跨境增长的系统化品牌方法论。建立HBG品牌研究院的初衷非常简单，只是为了给品牌实战操盘手提供一个纯粹知识性探讨研究的领地。但随着品牌大渗透理论在全国品牌界的普及，越来越多的实战派也加入HBG品牌研究院，他们无私地为HBG品牌研究院贡献自己的实战经验。通过实战结合理论的方式，我们一起发现和总结出一套适合中国企业和中国品牌的营销规律与增长之道。

最终，经过无数实战派同仁的努力，有了今天这本书。期望这本书能够基于一系列全球以及国内经典的实战型品牌理论的基本研究，结合中国的市场，呈现出一套系统的、全面的，适合应用于中国品牌操盘的实战型理论。

这本书的定位不是"畅销"的营销类著作，而是对品牌同行们有实战启发意义的经典型学术著作。它不花哨，更没有噱头性的专业词语，有的只是相当质朴的品牌增长规律。阅读完此书的读者，可能会有一种感觉：好像说的都是我已经在实践的！这就对了。真理与是非从来不是用新旧来衡量的，无数中国企业界优秀的前辈们在毫不知晓品牌大渗透理论的时候，早已熟练地将这一理论应用于自己的品牌实战，并带领自己的品牌年销售额增长至 10 亿元、20 亿元甚至 100 亿元，这靠的绝对不是一两点新鲜噱头玩法，而是靠长年累月总结出来的实践规律。

操盘品牌是一项容易让人陷入情怀和梦幻的工作，在这项工作中，如果痴迷于某种新鲜的噱头、名词、掌声、点赞，必然会忽略甚至鄙夷常识性的规律，认为常识并不吸引人，没有类似"互联网思维""CGO""增长黑客"等词语听起来有意思。但古往今来，真正长存的恰恰就是常识。

希望读者们能与我一起享受这场关于品牌操盘的"常识之旅"！受限于时间与专业，可能本书中的观点并不一定契合每个品牌的当前状况，需要操盘手根据自己的实际情况来量体裁衣，灵活调整。另外，本书可能更适合已经有一定品牌营销、销售，或者其他相关工作经历的读者，也希望大家带着如下问题来阅读本书。

你所经历的品牌增长，成功的因素是什么？新老顾客的占比如何？哪些实战经验是有效的？你遇到过的增长问题是什么？如果你从 0 开始建立一个新品牌，会制定怎样的品牌策略？如果你要找一位合适的操盘手，你希望他具备什么样的素养？

期望读者在阅读完整本书以后，对品牌增长、品牌建设都能有更实际、更科学、更本质的认知，也欢迎各位同行与我、与 HBG 品牌研究院一起探讨更多关于品牌的真知灼见。

麦青 Mandy

HBG 品牌研究院创始人

目 录

上篇　品牌增长的困局

第一章
品牌增长的新挑战

不断循环的五大增长难题 / 004

两大品牌增长源头； 008

品牌增长的"双重危机规律" / 012

新品牌上市的"赛道"选择 / 016

小　结 / 018

第二章
品牌创始人和操盘手的七大错误认知

只要"定位好"就能增长？ / 020

只要"产品好"就能增长？ / 021

只要"精准营销"就能增长？ / 024

提高"顾客忠诚度"就能增长？ / 026

只要"做促销"就能增长？ / 028

会做"数字营销"就能增长？ / 030

拥有"首席增长官"就能增长？ / 032

小　结 / 034

第三章
品牌的传统增长策略失灵

被怀疑的"定位理论" / 036

失效的三大传统销售策略 / 038

当下顾客的八大认知真相 / 042

小 结 / 048

第四章
品牌竞争的认知偏差

99%的品牌不知和谁竞争 / 050

顾客流失是品牌无法控制的 / 055

品牌的顾客都是互相重合的 / 058

不要盲目模仿竞争对手 / 061

品牌竞争的本质就是大渗透的竞争 / 063

小 结 / 066

中篇 品牌增长的底层逻辑

第五章
大渗透：
品牌增长的
本质真相

顾客记忆切入点：品牌大渗透的关键途径 / 070

营销大渗透：建立心智显著性 / 074

渠道大渗透：建立购买便利性 / 077

大渗透：不要为品牌增长设限 / 079

小 结 / 081

第六章
营销大渗透：品牌大渗透的方式之一

营销大渗透就是要触达更多真实顾客 / 083

营销大渗透的规模和效率 / 088

存在品牌的营销"界值"吗？ / 095

为什么营销很难评估但必须做？ / 097

营销"猛砸钱"为什么没有效果？ / 099

关于口碑营销的"神话" / 102

不要过于痴迷"情感营销" / 106

小　结 / 108

第七章
渠道大渗透：品牌大渗透的方式之二

渠道大渗透就是增强购买便利性 / 110

渠道大渗透的规模和效率 / 113

电商渠道如何进行大渗透 / 117

渠道大渗透的四个核心问题 / 120

渠道为先 vs 营销为先 / 122

小　结 / 124

第八章
独特性资产：品牌大渗透的基本前提

打造品牌力就是打造品牌独特性资产 / 126

塑造统一的品牌独特性资产体系 / 128

独特性资产的三大实战问题 / 131

独特性资产需要持续投入 / 134

小　结 / 136

下篇　品牌增长的挑战

第九章
品牌增长的人力、财务与供应链

建立"认知统一"的团队 / 140

建立高效的品牌供应链 / 145

建立系统的新品上市流程 / 148

让财务成为品牌增长的驱动力 / 150

小　结 / 152

第十章
品牌的增长挑战与应对策略

品牌大渗透是把"双刃剑" / 154

上新系列还是新品牌 / 157

开发新品的三大法则 / 160

新品制胜的六大技巧 / 164

多品牌管理之难 / 167

小　结 / 169

第十一章
品牌大渗透的挑战与趋势

营销和渠道面临的新挑战 / 171

品牌 IP 化的新型方法论 / 175

不同发展阶段的增长策略 / 179

兴于大渗透，衰于品牌力 / 182

小预算如何大渗透 / 186

小　结 / 188

第十二章
品牌大渗透的典型案例

舒肤佳：2 年净增长 10 亿元 / 190

华润三九：从 0 增长至 50 亿元 / 195

WonderLab：快速增长的新锐品牌如何从 0 到 1 / 199

附录：关于品牌增长的经典问题 / 207

结语 / 219

致谢 / 220

参考文献 / 221

上篇

品牌增长的困局

第一章
品牌增长的新挑战

不断循环的五大增长难题

毋庸置疑，增长是品牌的核心命题。如何衡量增长？最直接的两大指标就是销量/销售额的增长和市场份额的增长。实战中，我们做的营销活动、产品上新、渠道活动、CRM（Customer Relationship Management，客户关系管理）、私域流量等，其实本质上，最终都是为了达成品牌增长。时代虽然在变，但品牌增长的难题却亘古不变，而且相当质朴直白：如何快速增长？如何持续增长？如何高效增长？如何复制增长？如何建构增长型团队？

这五个品牌增长难题，不仅困扰着增长困难品牌的操盘手，也困扰着快速增长品牌的操盘手。毕竟市场份额是一时的，竞争优势很难持久。尤其是面对当下营销与渠道节奏变化如此之快、人才流动如此之快、竞争品牌之间差异化并不明显的窘境，解决这五个问题的难度越来越大。

第一，如何快速增长？2017—2019年三年间，完美日记、Home Facial Pro（简称HFP，专业护肤品牌）等新锐品牌的增长速度，刷新了整个行业的纪录，也震惊了传统的成熟品牌。无数品牌都渴望这样的增速，但到底如何才能快速增长，许多同行经过研究，总结出类似"口碑种草""低价促销""直播带量""跨界营销""电商运营""CRM"等执行层面的套路，但自己套用后却没有效果，当然更常见的情况是，根本不知道怎么套用。所以，在现实操盘层面，品牌人经常会有以下困惑：为什么自己操盘的品牌也用红人、KOL（Key Opinion Leader，关键意见领袖），也在微信、微博、小红书、抖音进行口碑"种草"，但转化率却不高？为什么自己操盘的品牌也在做低价促销，但转化率和利润率都堪忧？为什么自己操盘的品牌也做了直播，但却没有销量？为什么自己操盘的品牌也做了跨界营销，但却无法取得销量增长，而且成本很高？为什么自己操盘的品牌也请了电商运营团队，但投入产出比却达不到预期？为什么自己操盘的品牌也在做CRM，但却总感觉要"死于流量"？

这些问题的背后，都源于盲目学习"执行套路"，却并未了解品牌增长的本质和根源。一个品牌的快速增长，并非来源于某个网红推广，或者低价促销的单一要素，而是源于品牌的独特性、营销大渗透、渠道大渗透、产品创新，以及供应链、财务、人力资源管理等多方面的综合要素。尤其是当下时代的节奏变化非常快，即便在某一方面有突出能力，也很难保持竞争优势，很容易被竞争对手模仿，所以真正能够快速增长的品牌少之又少。

第二，如何持续增长？当下的诸多新锐品牌，其实背后的核心运营模式依然是流量驱动型。这里所说的"流量"，既包括营销大渗透，也包括渠道大渗透——通过大规模、高速度的大渗透模式，迅速积累流量红利。

在2017—2019年的三年中，各个品类其实都涌现出类似的"流量驱动型品牌"。这些流量驱动型品牌，其实和以往的快速增长品牌面临同样的困扰：如何持续增长？过度依赖流量，虽然有增长，但边际效应递减；想要摆脱流量，就要立刻迎接销量同比下滑的挑战。

同样面临"持续增长"挑战的，还有那些年销售额早已达10亿元，甚至50亿元、100亿元的传统老品牌。因为这些品牌不仅面临来自新锐品牌的"外部挑战"，还要面对人才流失、很难灵活调整、跟不上新时代快节奏的"内部挑战"。曾经的成功要素，可能变成当下的阻碍壁垒。比如习惯了线下渠道，但很难适应线上渠道；习惯了靠低价，但很难适应更多新玩法；习惯了靠传统广告，但很难用新媒体手段；习惯了做某一电商渠道，但很难适应全渠道。

第三，如何高效增长？在品牌从0到1的成长阶段，"规模"与"效率"总是很难平衡。实际操盘中常常会遇到以下问题：应该挑选哪些网红达人，才能保证产品营销触达的规模？应该不计较单一ROI（Return on Investment，投资回报率）大量投入，还是控制利润亏损风险？应该广泛地拓展渠道，还是聚焦核心渠道？应该追求盈利，还是追求规模?

而在品牌从 1 到 100 的成熟阶段,往往会有一定的利润,但是也会不断面临"高成本"的风险,因为试错成本也在增加。尤其是当下火热的"流量驱动型"新锐品牌,如果脱离了背后大资本的支持,可能很快就会面临亏损、现金流断裂等问题。所以,"规模"与"效率"在现实中确实很难平衡。

但也有一个明显的现象:当市场份额达到一定界值,拥有市场领先地位时,往往增长效率也会加倍。因为本身已经有一定的品牌认知基础,也有一定的营销和渠道规模,尤其具有相当强大的谈判优势,以及相对成熟的运营团队时,会大大提升品牌的运营效率。但有个前提是,必须要让自己的品牌首先增长到一定的规模界值,才可能提升品牌的运营效率,否则单一小范围的高效率,并不会促成品牌的规模增长。

第四,如何复制增长?每个品牌都期望能够复制自己的成功,这在一定阶段内和一定条件下是有可能的,因为条件变量类似,比如,靠流量驱动的品牌,在一定时期内依然可以继续通过加大流量投放取得增长;靠渠道分销的品牌,在一定时期内,也依然可以通过拓展渠道分销来获得更多回款。

一个品牌取得成功,短期内可以迅速复制开创一个新品牌。但随着时间的推移、环境的变化,很难继续复制以前的成功模式,尤其是过度依赖创始人的"一言堂"型企业。这类企业的创始人,往往因为过去的成功光环,存在一些惯性思维和盲目自信,接受不了环境变化。他们都有一个明显特征,比较善于思考,而且是深度长期的思考。在以前,因为竞争压力相对较小,竞争节奏相对较慢,留给创始人学习和思考的时间相对富裕,但如今节奏如此之快,留给创始人的思考时间相当有限。从前可以慢慢悠悠做市场调研,花六个月思考的一件事,现在可能花费一周就要想明白,并迅速扭转思维,投入执行。

许多成功品牌都在开拓"多品牌",期望能够复制自己现有品牌的成功模式,但在运行新品牌时,也会遇到困境——新老品牌往往过于相似,很难区分;新老品牌背后的团队其实一样,很难进行区别运营;新老品牌的品类相差太远,顾客群相差太远,导致过往经验很难复制。

第五，如何建构增长型团队？很多时候，关于品牌增长问题的焦虑，都是对人才的焦虑。品牌所有的增长策略，都是靠具体的团队来落地执行。靠谱的增长型团队，是品牌持续增长的一个重要因素。当下品牌增长面临的人才焦虑包括：无法找到合适的品牌创始人和操盘手，无法找到合适的执行团队，无法保证团队的留存，无法促进团队成长与激发团队潜力，无法保证团队的认知统一，无法保证团队的执行标准化。这些问题都会导致品牌的耐受力较弱，很难持续增长。若一个核心人员离职，就可能带走重要的资源和资产，导致部门瘫痪，进而导致利润下滑。所以，纵然懂得"万般道理"，假如没有合适的人才，依然无法落地。

总之，时代变化，问题不变，而且所有品牌都焦虑，不存在"舒服躺赢"的品牌。虽然理论上总会对品牌存在的某一个问题进行放大，但现实中，不存在只面临单一问题的品牌。品牌也不可能只靠单一要素驱动增长，都是靠综合的要素——从营销大渗透、渠道大渗透，到品牌独特性、产品创新、人才管理、供应链和财务等的综合运营。

本书将会从增长根源入手，系统性地针对以上五大问题进行阐释解读。但在解读之前，需要了解一个核心问题——到底我们应该如何理解增长？

两大品牌增长源头

品牌同仁当然对"增长"这一专业名词并不陌生,但在实际操盘中,却很容易忽略增长。这可能受很多因素影响,比如不同部门的KPI(Key Performance Indicator,关键绩效指标)不同,与销售不直接相关的部门可能不关注销售指标,甲方乙方的KPI不同,不太关注销量指标的乙方往往也不会关注增长。当然更大一部分的原因是我们可能并不太了解增长的本质根源,对利润和品牌的增长停留在书面或者数据层面,甚至朋友圈层面。譬如,许多品牌同仁有一种错误的认知,觉得自己可以一直做"小而美"的品牌,维持一个小市场份额,只要维护好一部分忠诚的老顾客就够了。但现实中,只要停止增长、缺乏新顾客,就迟早会衰亡。现实中不存在永恒的"小而美"的品牌,要么增长,要么衰退。

所以,每年都有数以万计的品牌在衰亡,又有无数新兴的品牌在迅速增长崛起。但如果新兴品牌的增长不能持续,即便表面上的营销互动做得再漂亮,也还是会随着市场份额下降而逐步陷入停滞。这也是行业中经常提到的俗语"各领风骚三五年",能够持续增长的品牌少之又少。

品牌增长的源头是什么?在营销界有许多理论著作告诉实战派,增长就是要做好定位、互动营销、私域流量、社群营销等,销售界也有很多理论著作在讲如何做好促销,如何做好渠道服务,等等。但这些都是达成品牌增长的中间过程,是战术层面的举措。所有的中间过程都是为了战略层面的增长根源——必须要回到顾客层面了解增长根源。

品牌人容易陷入执着,追求战术上的完美,每天纠结于中间过程的数据科学性和完美性,且往往会用自己的思维去思考顾客,而忽略顾客的真实情况。当然更多时候是我们还不太了解顾客:顾客是因为什么买我们的品牌,又因为什么选择其他品牌?顾客的购买行为有什么规律?只有真正了解了顾客,才有助于我们了解增长的根源——到底增长是提高市场渗透率(吸引更多的新顾客),还是提高顾客的忠诚度(让更多的老顾客买更多)?

关于这两个根源的争论,在国外的学术界一直存在。但在国内的著作和文章中并没有太多讨论,国内更多地还是在讨论"中间过程",比如如何做产品、如何做营销、如何做销售、如何做私域流量,毕竟这里面有更多的技巧可以谈。而讨论增长的根源在国内往往被认为是太过学术的事情,认为是学术界应该研究的问题。实战派应该考虑"如何做",而将"为什么这么做"留给学术界去研究。

但往往一实战就会发现,如果不清楚增长根源,品牌创始人和操盘手很难做出相对正确的决策,团队大多数的日常工作都会流于表面的忙碌,无法带来实际的增长。长久下去,就会影响团队的信心,让团队陷入疲惫不堪,让品牌错失很多增长机会,到最后,品牌就会不进则退,甚至团队陷入互相指责中。

我曾经亲身经历过某品牌的年销售规模在2年内从10亿多元迅速下滑至3亿元,根源在于品牌创始人和操盘手执着于战术层面的完美,每天只琢磨产品升级,而忽略了利润下滑的根源:渠道大渗透策略失效了,受限于当前的渠道发展空间,错失了开拓更多渠道大渗透的机会;长久以来忽略了营销大渗透,在品牌迈过1亿元年销售规模,进入快速增长时,因为销量成绩而沾沾自喜,忽略此时应该用营销大渗透来巩固顾客对品牌的认知,并以此来巩固渠道渗透的效果。

现实中,也常常会出现另外一种情况——追求增长用力过猛,盲目地将互联网的所谓"黑客增长"等理论融入品牌中,一味地在组织内部推崇增长。甚至设置所谓的CGO角色,每天都在看增长数据,却忽略了实业领域(其实也不限于实业,也包括互联网等领域)品牌的增长之路并不是一条直线,并不存在ROI每天增长的情况,并不能保证每一个广告都能达到效果。品牌增长要围绕核心目标,但也要平衡好短期行动和长期举措,要综合把控供应链、营销、销售、组织等各个层面齐头并进、健康发展。

否则，一味追求纸面上或者数据上的"增长"，很容易让组织陷入紧张慌乱的状态，也容易逼走想要提高品牌影响力的实战派。

所以，无论是前者还是后者，本质上都是因为实战派对品牌增长的根源不太清楚，常常以果推因，或者片面地认知增长，只从自己擅长的领域或者网络热文所分析的层面思考品牌的增长。

这也就是当下CEO（Chief Executive Officer，首席执行官）/CMO（Chief Marketing Officer，首席营销总监）的困扰——成功，不知道是如何成功的；失败，更不知道是如何失败的。增长太快，慌了脚步；囿于过程，忘记结果；用力过猛，忽略现实；过度依赖一个层面的要素，忽略品牌增长的综合要素。品牌增长应符合"自下而上"的逻辑，如图1-1所示。

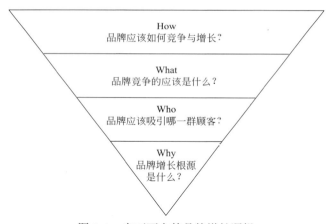

图1-1 自下而上的品牌增长逻辑

Why：品牌增长根源是什么？

回到顾客层面，从最根源的角度讨论，到底品牌增长是源于更高的市场渗透率（更多的新顾客），还是更高的忠诚度（让更多的老顾客买得更多）？

Who：品牌应该吸引哪一群顾客？

长久以来流传的经验之谈是"二八原则"，促使许多品牌人坚信，只要服务好核心的20%的顾客就能让品牌增长。在这个传统经验的指引下，新品牌上市后就只需要服务好自己的种子用户就行吗？成熟品牌应该重点挖掘自己的私域流量中所谓老顾客的价值吗？

What：品牌竞争的应该是什么？

关注品牌竞争的第一个问题：品牌到底和谁在竞争？大多数品牌压根搞不清楚自己的竞争对手是谁，只是通过经验判断选择自己心目中与"自己定位匹配"的竞争对手，反而忽略了真正的竞争对手的威胁。品牌竞争的第二个问题：品牌之间到底竞争什么？这个问题会有很多个答案，比如品牌知名度、影响力，以及转化力。但这都是中间过程而已，并未给实战派更切实际的指引，实战派还是一样不知道如何操作：如何提升知名度？如何提升影响力？如何提高转化力？

How：品牌应该如何竞争与增长？

如果不清楚品牌增长的根源，不清楚品牌应该主要针对哪一群顾客，也不清楚品牌应该和谁竞争以及到底在竞争什么，就会让实战派陷入盲目的攀比中：一定要做出比自己的假想敌更为独特的创意和品牌设计，要制定更低的折扣，要进行更努力的社群运营，等等。结果越学越累，最终毫无效果。

在本书后面的篇章中，笔者将会自下而上，从根源开始，详细解读以上 4 个问题，期望对同仁们有一定的启发。

品牌增长的"双重危机规律"

在品牌世界里有一个基本规律——双重危机规律。双重危机规律是指品牌市场份额越小，顾客越少，顾客的忠诚度（购买意愿与购买行为）也越小。这个规律类似于心理学上的马太效应——高市场份额的品牌享受更高的市场渗透率、更高的忠诚度，而份额小的品牌则享有的也少。

在《非传统营销》一书中，作者用大量来自消费品行业、服务行业、奢侈品行业、工业领域的案例数据证明了"双重危机规律"的存在。

这也是本书区别于其他营销类畅销书的本质：源于大量数据、客观事实，而非主观推断、想象演绎。太多的营销类书籍是通过"讲故事"的方式以果推因地去解读品牌。这里我们先呈现来自消费品行业的案例数据，在后续篇章中，将会反复出现更多的数据。观察表1-1数据，可以看到"双重危机规律"的存在。

表1-1 中国洗发水市场中呈现的双重危机规律（2018年度数据）

品牌	市场份额/%	家庭渗透率/%	平均购买频次（购买次数）	类别占有份额/%
海飞丝	14.1	28.8	1.9	32
清扬	8.3	19.0	1.7	29
飘柔	7.1	24.5	1.9	21
潘婷	6.2	17.7	1.6	23
阿道夫	6.2	10.0	1.4	37
沙宣	5.4	10.4	1.5	37
多芬	2.3	7.0	1.5	26
平均	7.1	16.8	1.6	29.3

注：数据来源于凯度消费者指数。

如表 1-1 所示，海飞丝洗发水在中国的市场份额约为阿道夫（本土品牌）的两倍，海飞丝的家庭渗透率（28.8%）约为阿道夫的三倍（10.0%），海飞丝的平均购买频次（1.9次）也略高于阿道夫（1.4次）；只是海飞丝的价格低于阿道夫，导致类别占有份额略低，但差距不明显。结合表中其他品牌数据，可得出如下结论。

（1）渗透率指标接近的品牌，即在某一段时间内，至少购买一次的顾客数量相近。

（2）忠诚度指标接近的品牌，平均来看，顾客购买的数量以及再次购买的频率，也都十分接近。

（3）渗透率和忠诚度指标随着品牌市场份额的减少而降低。

但很多品牌人在现实生活中不愿意接受这个规律。原因在于一般人脑海中的经验依然是"虽然我的品牌很小，但是我的顾客很忠诚，所以我可以一直存在"。但问题是，这个论断并没有和品类中其他更大的品牌进行数据对比，仅仅是依据经验判断和自己品牌数据的对比。假如观察市场份额和我们差不多的其他小众品牌，就会发现，其实他们的品牌忠诚度和我们的也差不多。而且都很难再提升，即便提升了一定顾客的忠诚度，对于品牌增长的整体数据而言，也没有太大帮助。

另外一个不愿意接受这个规律的原因是大家普遍认为，市场份额和品牌忠诚度这两者都能做好。但现实中，往往很难操作。一方面是因为精力有限，另一方面是因为品牌人容易在这两者中陷入对"品牌忠诚度"的痴迷。一般想要增加忠诚度的品牌往往会采用比拉新更简单、更有效、更低成本的措施。比如，花钱请广告公司设计更好看的LOGO，花钱做更好的品牌定位策划，不断地折腾销售本来就不好的老品，提供更有吸引力的忠诚客户积分计划，出台更好的连带销售政策。

品牌人往往认为留存老顾客比获取新顾客更便宜。这样会降低自己的营销成本，老顾客已经在自己的"流量池"里，做好私域运营就行了。但实践中，投入在如上"忠诚度提升计划"上的预算并不少，效果却不一定好。尤其是那些小品牌的操盘手和团队，很容易把时间浪费在一些无关紧要、看起来很美的事情上。同样，大品牌的操盘手也可能因一直高居榜首的数据指标而自鸣得意，认为和自己定位不匹配的竞争对手不配和自己竞争，结果反而被这类竞争对手抢走了市场份额。

其实，困扰 CEO/CMO 的品牌增长问题，很多都可以通过"双重危机规律"得到解答。这里我们可以总结几点，在后续篇章中，也会详细阐释。

第一，市场份额较高的品牌拥有更多顾客，更高的顾客购买频率。这一点很好地解答了为什么只有增长才是王道，为什么只靠提高购买频率对于小品牌而言是很难提升的。小品牌和大品牌的区别在哪儿？残酷的现实是大品牌不仅顾客更多，而且忠诚度更高；而小品牌则反之。所以，所有的品牌都需要持续增长，否则就会如马太效应——强者恒强，弱者恒弱。

第二，当品牌增长或者衰落时，品牌渗透率和顾客忠诚度的变化动向和双重危机规律保持一致。品牌渗透率越大，顾客忠诚度相对越高。不要奢求小品牌通过更高的顾客忠诚度，来达到与大品牌同样的增长。另外，不要简单只凭借短期内的顾客忠诚度或者渗透率的某个横截面数据表现来判断品牌是在增长还是衰落，而要通过长期的指标变化动向来观察并判断一个品牌到底是在增长还是衰落。

第三，与双重危机规律相对应的是品牌市场份额不会因为顾客忠诚度的高低而变化。很多走向衰落的大品牌，也拥有不错的顾客忠诚度，可能与某些正在增长的新兴品牌一样，享受差不多的顾客忠诚度。所以仅仅从顾客忠诚度方面，无法判断这个品牌是在增长还是衰落。更关键的是，顾客忠诚度的变化幅度远远比不上渗透率的变化，市场份额更多是因为渗透率变化而非顾客忠诚度变化。所以，品牌增长的核心还是大渗透。

第四，品牌要实现规模化增长，必须要不断地提升渗透率。正如我们已经知道的双重危机规律：品牌份额越小，顾客越少，顾客忠诚度也越低。理论上，提升渗透率和改善顾客忠诚度确实都可以帮助品牌增长，但提升市场渗透率带来的销售增长，比提升顾客忠诚度带来的销售增长要多得多。随着品牌增长，品牌的市场渗透率和顾客忠诚度都会得到提升，提升的幅度也是可预见的。

第五，品牌渗透率的增长和下降，背后的驱动力是顾客拉新水平的不同。每个品牌都会流失顾客。无论是增长的品牌还是衰落的品牌，都会有顾客流失的情况。而且，流失率取决于不同品牌的相对市场份额。所以，提高市场渗透率的唯一办法就是提高我们的顾客拉新率。

第六，即使是在高速增长的市场中，也要不断地提升市场份额。唯有增长，方能生存。只有不断提升市场份额才能帮助我们扩大品牌影响力，赢得可以与竞争对手相抗衡的营销预算，以及获得更好的营销资源、渠道资源。

小品牌比起大品牌，虽然更为灵活，但实际上却少了大品牌的"头部效应"庇护，大品牌显而易见更容易受渠道欢迎，更容易受媒介欢迎。所以，必须想方设法提升品牌的市场份额。

新品牌上市的"赛道"选择

对于很多创业品牌而言，需要做一个选择：到底要进入大赛道，还是小赛道？很多品牌人在创业时，会本能地选择进入小赛道，认为这是一个竞争较少的市场，而忽略了"赛道小，就注定了很难增长"的弊端。市场渗透率越小的品类和品牌，顾客忠诚度也越小。这不是因为品牌定位不好，或者不够精准，这些往往已经做得很好，只是因为渗透不够——或者市场本身小众，或者品牌本身小众。

正如之前讲到的双重危机规律，品牌增长主要源于市场渗透率的增加。当品牌选择进入小赛道，一方面，受限于该品类的增长空间和市场渗透空间；另一方面，也很难通过提升忠诚度来达到品牌增长。这两方面限制了小赛道品牌的增长。除非打破自身品类的增长限制，否则进入小赛道创立品牌进行大额投资和开展营销，并不是非常明智的选择。相对而言，选择大赛道当中的小品牌，比选择做小赛道中的小品牌好，因为至少它们还有增长的空间。当然，无论是大赛道的小品牌，还是小赛道的小品牌，都面临相对于大品牌而言更大的挑战。这也是双重危机规律所显示的。

无论我们宣传自己是多么"美好"的小品牌，多么与众不同，多么差异化，但现实中，小品牌就是很容易被顾客冷落——知道的人少，熟悉的人更少，能够购买到这些产品的渠道也很少。而那些知道这些小品牌的人，往往是整个品类中比较稀少的"重度顾客"（所以他们才会深入研究此类产品，继而有机会了解到小品牌），而这些顾客也并非只会购买我们的品牌，他们依然会购买其他竞争对手的品牌，包括大品牌。

总之，小品牌面临更大的竞争压力。即使有顾客发现它们并产生较好的初次消费体验，但因为曝光率低，很难让顾客记住（形成购买偏好），即使记住了，也很难购买到（产品购买的便利性）。但大品牌就不一样了，顾客哪怕不喜欢它们，也可能会记住它们，并且在任何渠道都能购买到它们。这也是大品牌和小品牌之间很大的不同之处——品牌渗透率。

那渗透率到底是指什么呢？这就涉及本书后面将会反复讲到的品牌的两大核心驱动力——营销大渗透和渠道大渗透。正是大品牌和小品牌在营销大渗透和渠道大渗透上的付出和努力不同，导致顾客的心智显著性和购买便利性的不同，进而导致品牌销量和市场份额的不同。

即便真的存在那种"超高忠诚度"的小品牌，也并非因为品牌真的有一群超级粉丝，可能只是因为品牌渗透率的增长受到了限制。例如，在某些三四线城市，当地品牌只能在当地销售，无法进入全国性渠道，地理位置和品牌运营能力限制了品牌的渗透率水平。在这种（低）水平渗透率情况下，一些品牌的市场忠诚度水平可能只是看起来高，正如零售渠道品牌只在单一的零售渠道中进行销售，这经常被误认为是高忠诚度。

总之，在创业时，如果想要持续增长，选择大赛道比选择小赛道更有增长空间。

小　结

本章主要阐述了困扰当下品牌创始人和操盘手的五大增长难题：如何快速增长？如何持续增长？如何高效增长？如何复制增长？如何建构增长型团队？之后，阐释了出现这五个问题的根源——我们可能还不够理解品牌的增长本质。

接着，引入了一个品牌世界的基本规律——双重危机规律，这个规律虽然让很多品牌人难以接受，但它带来的启示却提醒我们，必须要不断地提升市场渗透率，才能提升市场份额，才能促进品牌持续增长，即便市场份额已经是第一也不可松懈，必须在保住市场份额的同时，争取更大的渗透率及其增长。

最后，对创业品牌和新兴品牌提出了一些建议，这些建议依然是围绕双重危机规律的基本逻辑展开，希望对创业者有一定启发。但因研究的局限性和数据的局限性，请各位品牌创始人和操盘手在应用时根据自己的实际情况进行调整，切不可生搬硬套，没有完美的理论，实战领域的问题复杂多变，需要灵活调整。

在下一章中，笔者会和大家分享品牌界和营销界都有哪些实现增长的误区。

第二章

品牌创始人和操盘手的七大错误认知

只要"定位好"就能增长？

"定位"理论是影响全球品牌的核心理论之一，它贡献了"品类定位"这一有价值的概念，给予很多品牌在市场竞争中突围的可能性，所以深受许多国内外同行的认可。包括国内知名的营销策划公司、咨询公司、广告公司、自媒体等提出的种种理论，其实也是"定位"理论的翻版，利用中国式语言进行新一番阐释，这样的做法使得国人更加容易接受"定位"理论。

但品牌增长，真的只是因为定位好吗？定位理论中提到的精细化营销等，是促使品牌增长的根本驱动力吗？每个品牌都必须要找到与其他品牌的差异化吗？这些都是实证数据无法解答的。所以，在品牌创始人和操盘手的实践中，经常遇到如下困扰：我的品牌很有差异化，但为何还是增长不起来？我邀请了定位策划公司做了全套定位，怎么还是没有增长？为什么许多定位不清楚的品牌，却依然增长迅猛？定位容易被竞争对手模仿，是否意味着要不断地去更改定位？为什么同一品类中的诸多品牌其实定位非常相似，但增长水平却不同？

现实中，如上问题比比皆是。比如，2008年相宜本草经过某国内广告公司的指点，中途改过一次品牌定位，变成"相宜本草：快本草"，突出产品能迅速产生效果的卖点。但这次定位的更改并没有带来期望的增长。

现实中存在更多的反而是大量模仿和抄袭定位的品牌，凭借出色的营销大渗透和渠道大渗透实现增长。所以，仅仅靠不断地调整定位来获得品牌增长，在理论上听起来很美好，但现实中却很难实现。

只要"产品好"就能增长？

关于"产品好"的传说，在品牌界一直都存在。本质上，这其实是一种品牌创始人的情怀。固然从理论上，只要有好产品，自然会获得更高的顾客满意度，从而增加顾客忠诚度，最终刺激品牌增长。

但正如上一章提到的双重危机规律，想通过增加顾客忠诚度来刺激品牌快速增长，几乎是不可能的。何况这里最大的问题在于好产品如果没有营销大渗透和渠道大渗透，就不会被更多顾客所认识、记住、熟悉、购买。这就是所谓的"酒香也怕巷子深"。

很多品牌创始人都比较执着于做出至善至美的好产品，往往会将大部分精力放在如何做出好产品上，但忽略了品牌增长的重要驱动力——大渗透。只有足够强的营销大渗透和渠道大渗透，才能带来更多的顾客、更高的市场份额，相应地也会拥有更高的顾客忠诚度。所以，在很多时候，好产品是品牌增长的必要条件但并非充分条件。想要获得品牌持续增长，必须要依靠好产品，但仅靠好产品，并不一定能带来增长。这一点，无论是对于新兴品牌还是老品牌，都是一个警醒。

我曾经参与操盘的某个年销售额超过 10 亿元的全球品牌，产品本身品质优越，品牌历史悠久，看似具有极强的品牌优势与产品优势，但后期因为在国内市场缺乏足够的营销大渗透和渠道大渗透，而造成品牌销量不振。而我曾经合作过的另一个年销售额超过 50 亿元的国货品牌，虽然产品品质并非领先，也没有品牌历史，更没有所谓差异化定位，但依然实现了品牌持续增长。

当然，更多的时候，所谓的好产品并不能带来增长是因为人们对于"好"的标准定义不一样。比如锤子手机的创始人对好手机的定义可能无法代表大众消费者对好手机的定义。这也就造成了品牌的情怀营销只对小规模的重度顾客（往往这群重度顾客也是该品牌创始人的资深粉丝）有一定吸引力和转化效果，而对其他更大规模的大众轻度顾客并没有什么影响。大众轻度顾客当然也会购买，但并非因为情怀，可能只是因为价格合适或者正好朋友推荐而已。所以，对于品牌创始人或者操盘手而言，在策划"好产品"的时候，首先要考虑如何去定义"好"？

这里举一个案例——小罐茶。一般人以为小罐茶销量快速增长的秘诀是投放大量广告，能够迅速铺开渠道，这当然也很重要，毕竟正如本书中反复强调的一个结论——品牌增长的两大渗透途径：营销大渗透、渠道大渗透。

但很少有同行能发现，小罐茶销量增长的另一个关键因素是小罐茶创始人卓越的产品定义。他经过多年对整个茶叶品类的市场调研发现，茶叶品类之所以一直没有全国性大品牌出现，是因为好茶叶的标准是不统一的，是不为大众所熟悉的，甚至连重度的茶叶品类顾客也有各自不一样的好茶标准，各个区域的茶叶顾客对于好茶的定义也是不一样的。因此，他在选择进入茶叶品类赛道时，首先思考的是如何去界定整个品类"好"的标准？

所以，小罐茶创始人团队最终策划了"小罐茶，大师作"这个品牌宣传口号。用"大师作"传达给大众消费者一个简单容易理解的茶叶好坏标准；再用"小罐"清晰地界定自己的品牌独特性资产，方便顾客在茫茫的品牌海洋中，清晰地辨识出小罐茶的品牌。同时据创始人自己说，"小罐"也是在传递他们在整个茶叶品类中的差异化价值卖点，传达他们如何用工业化、标准化手段来改造传统的农业茶叶品类。当然，可能轻度顾客在日常生活和购买中，并不太了解品牌的差异化价值，但毫无疑问，"小罐"本身作为小罐茶的品牌独特性资产，已经达到了它存在的使命，独特性资产只是为了让顾客方便记忆和清晰辨识品牌而已，并不是为了传达所谓品牌差异化价值。

所以，与其说"好产品"没有标准，不如说是很多品牌创始人或操盘手没有努力思考如何界定品类的好坏标准。比如笔者曾经合作的一个新锐营养品品牌，在创业一开始就主动思考过一个问题：对于代餐新品类赛道而言，应该如何帮助消费者来界定"好坏"？基于这个问题，他们提出了诸如"双倍蛋白就是好代餐"这类的品牌差异化价值卖点。

同时要注意，市场是在不断变化的，顾客的受教育程度也在不断提高，信息也会越来越透明，社会化口碑的影响力也在不断增加，所以产品品质也会越来越重要。虽然营销大渗透和渠道大渗透确实对品牌很重要，但大渗透也是产品品质的放大镜，随着时间的增加、品牌市场渗透率的提升，产品负面品质也很容易被放大。尤其是在当下自媒体时代，许多品牌已经开始在社交媒体上进行公开互怼，抓住一切机会放大竞争对手的弱点。

这种由品牌方主动发起的危机公关事件，将会越来越多。品牌在舆论世界的竞争将会越来越激烈。关于"产品品质"始终是最能被挖掘出"爆料黑点"的方面。所以品牌必须要非常重视产品品质，即便是增长再快也不能忽视品质问题。如果一个品牌不愿意在品质提升上进行投入，就会有非常大的危机。

只要"精准营销"就能增长？

长久以来，无论是国内国外，"精准营销"理论对于品牌同行的诱惑力一直非常大，一方面，国内外的一些品牌在精准营销和渠道大渗透方面做得很好，即便产品品质不一定好，但本身的"渗透率"足够高，所以市场份额也会足够大；另一方面，从投资回报率角度而言，在大多数品牌人的思维中，精准营销是一种延伸策略，至少理论上这些措施应该比较省钱、高效。

所以，实战中，大家都会自然而然地花费很多精力去研究每一个细分群体的喜好、态度、行为，为每个顾客群体定制不同的营销内容和方式，精心选择针对不同顾客群体的媒介方式……但结果往往会发现，按照这个操作方式，既投放不出去既定的市场预算（因为太难找到完美的投放渠道和精准群体），又很难带动规模效应。而在同样时间里，竞争对手已经迎头追上甚至反超了自己的品牌。

笔者曾经经历的一个国际知名品牌就是因为过于追求"精准"，在内部不停地修改方案，总是期望达到数据、理论、逻辑上的完美，而白白错失了营销大渗透和渠道大渗透的机遇。其实回头思考，关于顾客，我们可能了解甚少，何谈能够精准针对顾客？我们真的了解每个营销媒介的运作方式吗？我们对每个渠道都足够了解吗？这些我们都无法保证，何谈精准营销？当然，作为老板，可能会批评下属，不了解为何不去搞明白。其实这又回到原点问题——我们应该了解的内容，到底对品牌增长是不是真正有价值。最后往往发现，大多数关于精准营销的研究，都是过时的，都是基于过往的经验判断和数据推演，并不能说明趋势，甚至连当下的市场变化都解答不清。

现实中，那些持续增长的品牌真的只是凭借"精准营销"吗？可口可乐、百事、宝洁等老品牌，仅靠精准营销可能投放不完自己的营销预算。2018—2021年迅猛增长的HFP、完美日记等新锐品牌，也并未仅靠精准营销，反而是利用多种多样的营销方式，并开拓多种多样的渠道方式，没有局限在所谓与自己品牌定位相匹配的营销和渠道上。

每一个品牌创始人和操盘手如果想要实现品牌持续增长，就不应该在一开始为自己的品牌设限——假定自己的品牌仅仅只针对某类顾客，或者仅仅针对某个渠道，只能用某种营销方式。应该在预算允许的情况，尽可能覆盖和触及所有购买场景的所有品类顾客。

很多创业者在创立品牌时，出于对品牌的热爱和情怀以及不成熟的品牌操盘经验，会对自己的品牌产生不必要的"高端定位设定"，认为只有高端的消费者才会消费自己的品牌，并且认为高端的消费者大多使用微信，很少会触碰抖音、快手之类的平台，而且他们一般去高端百货店、品牌专卖店等场所消费。但现实中，一般不存在这类顾客，这只存在于品牌人的幻想当中。现实中的顾客既是非常复杂又是相对简单的，没有绝对的高端、低端之分。他们会消费各个价位的产品，也会使用各种媒介，即便在同一品类的消费中，顾客的购买选择也在经常变化，有时会购买高端产品，有时会购买大众产品，比如，女性顾客的梳妆台上，摆放的可能是不同价位、不同品牌的化妆品。

所以，假如一开始就对自己的品牌顾客群做了不切实际的假定，就很容易给品牌增长设限。创业者定位给一线城市设计的产品，结果是更多的三四线城市用户在买，这样的案例并不少见。很多品牌人可能会认为精准描述顾客才是一种科学，所以他们常常会盲目地使用风靡互联网行业的所谓"360用户画像"，但其实"360用户画像"很多时候都是来自乙方广告公司或者调研公司的假想，这种画像可能会极大限制品牌的增长，即便我们在特定细分市场占据很大的市场份额，那还是小市场。

总之，无论是定位营销还是精准营销，都过于理想化，而且主动将品牌局限于一个细分市场中，难以持续增长。

提高"顾客忠诚度"就能增长?

在前面的篇章已经说过,许多品牌人执着于提高"顾客忠诚度",这主要是以下四个认知导致的。

原因一,认为数据是现成的,顾客已经在流量池中。

原因二,认为忠诚顾客就是自己的精准顾客,根据定位理论,应该瞄准精准顾客做营销。

原因三,忠诚顾客容易被促销影响,所以一旦做促销,会立即反映在当时的销售结果上。

原因四,认为忠诚顾客很容易被鼓励购买该品牌更多的、更贵的商品。

但其实上面的四个认知都只是品牌人的假想而已,并没有普适性的数据证明其正确性。

OLAY(玉兰油)在 2012—2013 年会员活动做得非常好的时候,活跃用户一度高达 90% 以上,但这一年的销量下滑却非常凶猛。忠诚会员确实会被激励努力购买,但还是无法扭转品牌销量下滑的局势。直到 2016 年,OLAY 调整品牌增长策略,从原来的精准营销改为大渗透策略,开始采用营销大渗透和渠道大渗透不断拉新,采用更吸引轻度顾客和新顾客的社交媒介以及社交内容,吸引了诸多轻度顾客和新顾客群体,才一举扭转颓势。

提高忠诚度之所以很难使品牌大规模增长,是因为在同品类当中,市场份额相近的品牌的忠诚度相似,也就是说,忠诚度是市场份额决定的。如果市场份额不提升,忠诚度就不会有太大变化。前面说过,即便是衰落中的品牌,也有可能拥有较高的忠诚度。更关键的是顾客忠诚度对市场份额的影响远远比不上渗透率。

现实中，品牌增长的规律就是我们所说的双重危机规律。但必须注意，这并非说顾客忠诚度不重要，以及不需要提升顾客忠诚度，恰恰相反，品牌增长是一项系统性的综合工程，在具体品牌操盘中，每一项工作都极为重要，只是要排列好优先次序。因为实际操盘工作是非常琐碎而复杂的，假如不排列好优先次序，很容易就会迷失在具体的执行中，而忽略了最重要、最应该投入精力的地方——大渗透。

只要"做促销"就能增长？

促销是品牌必做的渠道营销工作。为什么要做促销？原因显而易见，一方面是可以一定程度上缓解销售压力，通过迅速出货来刺激销量增加。比如市场上经常看到的"清仓大促"活动，不仅大品牌经常使用，连大街小巷的门店也经常使用。另一方面可以清库存，价格促销的效果往往是立竿见影的，库存压力很快就可以消除。比如唯品会、爱库存等渠道就经常被许多品牌作为清理库存的渠道。

还有一个更普遍的原因是渠道压力。渠道多元化导致渠道之间竞争也非常激烈，渠道之间也在不断比拼价格，都会要求供应商（也就是品牌方）提供更优惠的价格，甚至渠道还会贴钱降价。比如2019年拼多多提出百亿补贴计划，其实就是电商平台常用的对渠道进行补贴的方式。而渠道本身也会主动采用各种各样的价格补贴，吸引更多顾客。

当然，长期靠促销是无法促进品牌持续增长的，其负面效果也显而易见。

第一，长期价格促销会影响品牌利润。虽然薄利多销是口口相传的生意之道，但薄利也需要有相对健康的利润空间，一般采用薄利多销的品牌，其实是在一开始品牌建立时就主动设定了"薄利"或者叫"性价比"这一品牌策略，虽然号称是薄利，但其实会通过压低成本的方式达成相对的高利润。如果不是主动选择"性价比"路线，而是迫于销售压力而频繁采用促销方式，当然会影响品牌利润。比如2017—2019年的两大新锐增长品牌HFP和完美日记，其实都是在利用"性价比"策略，在宣传上也采用"大牌平替"的营销方式。国货品牌其实非常善于利用这种策略，一方面源于国人出色的生意思维，另一方面是因为模仿比创新更容易，是一种捷径。

第二，长期价格促销会影响顾客的"心理锚定价格区间"。其实顾客对于大多数品牌都有一定的心理锚定价格区间，如果长期打折促销，只会拉低顾客的心理价格期望值，让顾客只愿意支付低价来购买品牌。

第三，长期价格促销会陷入连续降价的循环。不仅品牌方自己会主动不断降价，渠道商之间也会陷入不断比拼价格的循环。

第四，店内的价格促销活动只是帮到了分销商，对品牌而言就相当于把主动权交到了分销商手里，品牌市场份额的表现转而受制于分销商。

总之，价格促销是一种简单策略，过于依赖价格促销只会遏制品牌人对于创新的重视与思考，也正是因为品牌人懒得去思考其他的品牌增长策略，才会一直依赖价格促销。

会做"数字营销"就能增长？

从 2012 年开始，数字营销就成为品牌界的"宠儿"。迄今为止，数字营销已经走过了从微电影营销，到社会化媒体营销，再到如今的口碑营销、短视频营销，以及 5G 营销等的漫长过程，不可忽略的电商营销，其实也是一种数字营销方式。现实中，确实存在一些靠数字营销起家的品牌，比如利用电商营销和社交媒体营销起家的小米等，但这些品牌的增长并不仅仅是靠数字营销，还有供应链、销售端、后台服务等一系列综合的举措。这在小米联合创始人黎万强先生的著作《参与感：小米口碑营销内部手册》中有详细描述，这里不再赘述。

当然，也不能过于神话数字营销，数字营销在营销实战领域主要存在以下两大问题。

第一，数字营销所宣传的"精准营销"其实并不一定数据真实，而且流量成本越来越高。笔者曾经也被推销过一个基于地理位置的精准营销线上工具，它的原理其实和大多数精准营销方式一样，先用采集的基础数据来进行"顾客标签"，比如经常去妇科医院的就可能是孕妇或者产后妈妈等，然后再针对精准化的"顾客标签"在顾客手机端的各种 APP 上投放硬广。但实践证明，这个工具不仅成本极其昂贵，而且数据可能不真实，比如经常去妇科医院的有很多是医护人员，并且在 APP 上投放硬广并不一定适合当时顾客浏览 APP 的场景需求。最关键的是，APP 本身用户量太小，即便进行全部触达，也仅仅是非常小规模的顾客群，无法为品牌带来更大增长。

第二，数字营销因为其自身的覆盖局限性，以及其对于精准营销的过度追求，反而限制了品牌去触达更广阔的顾客群体。由于我国市场的区域差异、城乡差异较大，数字营销的手段并不一定适合所有市场的顾客。比如我们认为人人都在用的支付宝其实并没有实现全国普及，支付宝品牌也在日夜苦思冥想如何拉新——如何借用传统的地推方式促进更多顾客使用。支付宝在2019年进行过一场事件营销，宣传口号叫"支付宝，生活好"，这句口号看起来平平，比不上品牌人津津乐道的各种酷炫的营销创意，但恰恰是这样一句烟火味道十足、平平淡淡的口号，击中了许多还未使用支付宝的顾客的内心。

品牌人始终要牢记一点，切不可把所有市场的顾客都想象成一个人，即便是在同一个市场，顾客在天然属性上也是千差万别的，顾客会离开一个市场去到另外一个市场，比如每年春节的大迁徙，城市顾客大量返乡，回到家乡的消费方式和购买品牌显然与自己原居住地不同。

另外，很多品牌人在线上做营销时，总是有一个特别有趣的习惯——基于数据去猜想顾客画像，即前面提到的"360用户画像"，其实这是很危险的。这让品牌人以为自己了解顾客，但其实触摸的是一个想象的、固化的顾客。触摸不到真实顾客时，仅仅用数据或者自己的想象与经验去拼凑一个顾客画像出来，这是做品牌的大忌。当你走出办公室，真正与身边的顾客打交道后，就会发现顾客并不是扁平的"画像"，他们是一个个活生生的人，他们在消费各种品牌，大脑认知和购物习惯并不一定符合品牌人用数据推导出来的规律。所以，看似天天研究顾客数据，也并不一定能够有效。可能会在某一个阶段或场景带来一定高效的数字指标，比如ROI某些时候变大，但这并不代表一切，可能在另一个阶段或场景，ROI又变化了。从长远来看，过于追求数字营销，不仅会让我们错过覆盖更多顾客的机会，而且还可能导致低回报。

拥有"首席增长官"就能增长？

伴随着"增长"一词从国外传到国内，首席增长官（简称CGO）的职位也开始火起来。不少互联网公司首先设置了CGO的职位，后来蔓延到实业。但实际效果如何，我们至今都找不到一个数据可以证明CGO能够带动品牌增长。相反，我们可以观察到，最为推崇CGO的互联网企业其利润却在2019—2021年纷纷下滑，不少互联网企业已经宣告破产。

品牌操盘是一项相对科学的工作，是一项系统的、综合性工程，影响品牌增长的因素非常多，当然出色的领导者至关重要，但不可能仅仅凭借一个英雄人物就能达成目标，必须要靠整个团队的配合，同时还要看天时地利。

依赖CGO的公司和品牌，往往搞不清楚品牌增长的根源是什么，以及关键驱动要素是什么，仅仅看了几本书，或者几篇自媒体的文章，就开始盲目改变组织架构，设置一个CGO，其实对CGO的角色定位与其他职位的区别在哪儿，期望CGO达到的KPI设置得是否合理都不太清楚。其实CGO自己也是茫然无措的。到底应该做什么？应该达到什么目标？CGO做的事情和CMO（首席营销官）或者销售总监做的有什么区别？现实中，CGO一般是直接由CEO担任或者由销售总监担任，但这又与原来的职能有什么本质性区别呢？

不要过于依赖CGO的另一个原因是CGO的设置往往会促使CGO本人以及整个组织过于重视增长数据，而忽略了品牌稳定持续的发展以及健康的销售模式。许多快速增长的品牌，并没有一个健康的销售模式。同时，CGO受限于数据压力与角色压力，不太愿意投入到长远塑造品牌的营销工作中，比如品牌创新。当然，CGO们也很难平衡好数据增长与组织成长之间的矛盾。大多数飞速增长的品牌都面临极大的内部组织问题，在快速发展中，内部组织相当混乱，如果忽略这些内部问题会对品牌的发展速度造成更大的隐患。

小　结

本章指出，困扰品牌创始人和操盘手的七大增长难题的背后，其实是对品牌增长本质与关键性驱动要素的不清晰。同时还详细阐释了困扰品牌创始人和操盘手的关于如何促进品牌增长的常见错误认知，正是这些噱头性的、基于经验判断的错误认知，才让品牌创始人和操盘手在日常实践中走了不少弯路。

品牌增长是一项系统性的工程，品牌建设更是一项复杂的科学工程，不可能只通过做好一件事，就能刺激整个品牌的增长。成功的品牌一般是方方面面都表现卓越，而失败的品牌往往因为某一方面掉链子或者表现差。总之，所有能够被公开宣传的成功之道，其实都是经过修饰或者被神话的。真正的品牌增长真相其实都不是噱头，而是质朴的常识，是日复一日的踏实实践。

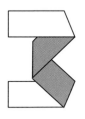

第三章

品牌的传统增长策略失灵

被怀疑的"定位理论"

"定位"作为一个诞生时间长、传播覆盖面广的传统营销理念，在品牌行业内拥有很高的知名度和影响力。宣扬此理论的最重要著作《定位》基本不用数据，而是采用讲故事的方法来写作，这大大降低了它的阅读难度，相对于其他理论性著作更容易被普罗大众所接受。但在实践中，许多实战派都会困惑：为什么定位理论很难被应用？为什么对产品进行了定位也没有促进品牌增长？

其实让实战派困惑的原因在于：定位理论仅仅聚焦于定位。但现实中品牌创始人和操盘手每天要面对的问题非常复杂和多变，而这些问题并没有在定位理论中得到好的解答，比如到底应该如何投放广告才能有效果？到底应该如何给新品牌或者新产品定价？到底应该延伸新系列还是创造新品牌？新品牌会不会对老品牌有蚕食以及蚕食多少是合理的？应该如何在小红书、抖音等新媒体平台做营销？应该如何平衡拉新和老顾客需求？等等。

当然，定位理论并非一无是处。定位理论能够流行至今，在于它提出的"品类定位法"，这一方法帮助许多品牌创始人和操盘手学会了用品类思维去思考问题，也客观上收敛了品牌创始人和操盘手一开始就渴望大扩张的欲望，从而避免了一开始因为多元化而产生的风险。从这个角度而言，与其说是定位理论指导品牌创始人和操盘手应该做什么，不如说定位理论最大的贡献在于指导品牌创始人和操盘手不要去做什么。但在品牌增长起来之后，如果还是执着于细分市场定位，执着于细分品类，往往又会导致品牌增长受限，难以寻找到第二增长点、第三增长点，难以持久增长。

在《非传统营销》一书中，作者提到一个沃顿商学院专门针对"营销书籍中提到的营销规律是否真的有用"的调研案例：项目发起人让4名参与者通读9本营销类著作，试图找出其中所列举的营销规律。调研结果令人大失所望，4名参与者确实在书里发现了566条诸如"你应该这样做"的规律表述，但没有一本书能够阐述清楚这些规律有什么实证支撑。同时，4名参与者只发现了20个清晰且有意义的规律表述。项目发起人将这仅有的20条描述提交给具有丰富营销实战经验的品牌创始人和操盘手时，他们认为这些规律中"貌似真实"的规律只有10条，有证据支撑的只有2条，其中一致认为真实、有证据支撑且对实际操盘有用的，只有1条——而那一条，却是操盘手们早已知道的常识。

在书中，作者列举了11条常见的错误营销理念：频繁变化包装；做一些无益于构建与刷新顾客记忆结构的营销广告；不了解到底顾客的哪些记忆结构和品牌相关；不了解是什么让品牌变得独特和有吸引力；做一些与品牌无关的广告，除了品牌名会露出一下；在毫无意义的跟踪调查上花费大量的时间和金钱，最后却毫无对策；在有高度忠诚的顾客身上过度投资，而忽视了影响新顾客；定价过高，又常常通过打折促销来弥补错误；激励顾客在品牌打折时进行购买；一会儿耗费巨资做广告，一会儿又没有任何声音。

这些错误为什么会在日常操盘中频繁发生？作者指出：在很大程度上营销著作只是如实反映，甚至是老生常谈地陈述当前既有的营销方法与实践，这些故弄玄虚的长篇大论，使得市场营销部门的效率大大降低。太多营销人员因为没有足够的知识积累，无法提出一些能够启发更有价值的洞见的问题而导致犯错。

坦诚讲，如上这类毫不留情的批判，其实也并不太客观。有许多著作其实对品牌创始人和操盘手的实践是有所帮助的，尤其是在新媒体时代的运营方面。问题在于当前市面上的品牌类著作太过于理论化，虽有系统性但脱离实践；而实战性著作又过于故事化、演绎化和碎片化，而缺乏系统的、从根源出发的规律总结。

这也是笔者写作本书的初衷，通过大量的实战数据研究、实战型理论研究，回到品牌增长的底层逻辑，从顾客购买真相，客观、专业、科学地解读品牌增长的基本规律，帮助品牌创始人与操盘手思考品牌战略决策的优先次序，避免不必要的损失，最重要的是帮助品牌不要自我设限，真正实现持续增长。

失效的三大传统销售策略

实战派往往不喜欢谈理论，但是喜欢谈模式，大到商业模式，小到营销模式，总是期望通过自己的实战并参考其他品牌的"套路"来总结一套通用的模式。结果，如同上一节提到的理论失灵一样，模式也同样不一定有效果。

本书认为，作为品牌创始人和操盘手不要过于依赖某些模式或者理论，要回到基本的常识性公式。脱离品牌增长的基本公式去讨论增长是毫无意义的。如本书第一章所说，品牌增长有两个最直接的指标：销售增长（销售增长＝顾客数量×客单价×购买频次）和市场份额增长（市场份额增长＝品牌增长速度／全品类增长速度）。

很遗憾，许多品牌同行在具体实践中，都会"身不由己"地忘记或者错误领会这两个基本公式。品牌同行"身不由己"的原因很多，但大部分都是因为日日忙于具体执行，而忽略最本质的增长公式。

当回到基本公式来讨论增长时，品牌人员可能会有如下三种结论：增加顾客数量能刺激品牌增长，提升老顾客的客单价能刺激品牌增长，提升老顾客的购买频次能刺激品牌增长。所以，很多品牌在刺激品牌增长时，除了"增加顾客数量"之外，还会采用如下三种策略：提价销售、连带销售、提升购买频次的销售。

然而，这三种策略只会在短期内拉动销售，对长期的品牌增长却收效甚微。原因是什么呢？这就又要提到一个根本问题：可以通过刺激老顾客提升客单价和购买频次来促进品牌增长吗？

本书在第一章和第二章简单阐述过如上问题，下面将针对性地详细讨论。

第一，提价销售的弊端。理论上，如果给现有产品提价，可以带来销售额增加。

但现实中,这种情况非常稀少,即便成功,也是暂时的。因为提价会打破顾客对某一品牌的"价格锚定",会让顾客望而却步,从而引起顾客数量缩减。比如互联网行业里的某知名出行品牌,曾经通过降低司机提成与乘客优惠等措施来达到变相提价的目的,结果招致网络上一片非议,而这些非议中,绝大多数顾客并非消费不起一两块钱,也并非不能理解其提价的初衷,而是因为这种变相提价的方式打破了以往许多顾客内心深处心理锚定的价格区间,引起了心理不适应和愤怒。

同时,提价也会影响渠道商的信心,渠道商一般是通过促销吸引顾客,虽然他们也会抱怨利润空间小,但比起利润空间,他们更担心的是顾客数量下降。所以,在现实中,很少有品牌采用直接提价的方式来达到增长,大多数品牌采用的是出品新的高端子品牌或者子系列来解决问题。但很遗憾,这种操作的成功概率也非常小,如果母品牌的"认知价格"影响足够大,即便推出子品牌和子系列,也很难打破顾客的常规价格认知。

在现实中,有不少品牌会采用另一种办法——出品全新的高端品牌,从头再来。虽然耗费精力更大,但显然避免了如上困扰。除非这个高端品牌受母品牌的形象影响太大,导致顾客还是不会买单,会在短期内对新品牌的增长产生影响。但从长远来看,只要努力经营,将新品牌作为独立品牌来运作,是可以逐渐摆脱母品牌影响的,这也是跨国企业几乎都是多品牌运作,而非用单一品牌涵盖不同价位产品的原因。

第二,连带销售的弊端。很多品牌同行都想通过"连带销售"来鼓励现有顾客购买不同的产品,从而提升销量,忠诚顾客计划都是为了促进连带销售。为什么会有这个举措?因为人们普遍会想当然地认为,既然顾客已经买了某个产品,如果我们能给他们另一个好产品,他们应该也会接受的。然而,现实很残酷,实际上很多大公司即使在内购时,想要让自己的员工购买更多产品都非常困难,何况还想要连带销售给顾客呢!SK-Ⅱ(高端化妆品)每年都会进行内购,但即便内部员工也不一定每位都会买,更不用说连带购买。

为什么向现有顾客连带销售比预想的更困难?原因一:那些没买其他产品的顾客可能是真的不需要这些产品。比如,我们无法把车险卖给那些驾驶公司车辆的人。原因二：现有顾客本身的忠诚度已经足够高了，很难再进一步提升。

连带销售，其实也是衡量品牌忠诚度的指标之一，它也符合双重危机规律。同一品类中，市场份额相近、相互竞争的品牌在连带销售的表现上，几乎没有什么差别。所以，与其连带销售给老顾客，不如争取更多的新顾客，扩大顾客规模，扩大市场渗透率，提升品牌的市场份额。只有市场份额提升，才能真正影响顾客忠诚度的细微变化。

第三，提升老顾客购买频次的弊端。老顾客购买频次是衡量顾客忠诚度的核心指标之一。在本书第一章、第二章中已经阐述，在这里主要列出大量的品牌研究数据已经证明的事实。

首先，同一品类中，竞争品牌之间的顾客忠诚度和购买频次的差异非常小。顾客总是同时在购买不同的品牌，即便在某一时期对某一品牌的购买频次略高，显示貌似是这一品牌的忠诚顾客，也会在其他时期又回归到正常的购买频次，或者购买其他品牌。总之，没有多少所谓的忠诚顾客，即便显示忠诚也是"分裂式忠诚（脚踏多只船式的忠诚，详见 P44 页论述）"。所以，想要靠提升老顾客购买频次来实现品牌增长非常困难。

其次，忠诚度和购买频次，往往是品牌无法控制的。每个品牌都在流失老顾客。对于品牌创始人和操盘手而言，是否流失顾客是无法控制的。任何品牌都面临着大量的竞争，不管怎样照顾好老顾客，时不时都会有某个竞争者出现，抢走顾客。

最后，即便短期能刺激购买频次，但长期而言，顾客的正常购买频次与客单价并无差异。以洗衣液市场为例，洗衣液品类领先品牌蓝月亮的消费者平均一年购买 2 次该品牌，每次花费 43 元，而市场份额排第二、第三的奥妙、立白的消费者购买频次与蓝月亮的差距并不大，平均一年也接近 2 次，每次的消费金额也相差无几（表 3-1）。可见在中国洗衣液市场增加消费者的品牌购买频次或提升单价的空间本就不大，而要使品牌的购买频次和客单价与竞品拉开差距也并非易事。在这些指标中，唯一使蓝月亮的市场份额领先于竞品的就是渗透率，也就是更多的顾客数量。

表 3-1 洗衣液市场三大品牌购买指标对比（2018 年度数据）

品牌	市场份额 /%	渗透率 /%	购买频次	客单价 / 元
洗衣液整体	100	81.5	3.0	42.8
蓝月亮	27.5	33.5	2.0	43.2
奥妙	10.6	15.4	1.7	42.1
立白	9.8	16.1	1.6	39.0

注：数据来源于凯度消费者指数。

通过以上数据不难发现，在渗透率、购买频次、客单价这三个要素中，后两者受整个品类影响较大，与品牌本身关系不大，品牌实际上很难提升客单价和购买频次，而有影响作用的是渗透率，也就是顾客数量。不断地拉新，不断地扩大顾客规模，刺激品牌的市场渗透率，才能达到提升品牌销量和市场份额的目的。根据双重危机规律，市场份额的提升也会自然带动品牌的顾客忠诚度有所提升。

当下顾客的八大认知真相

在上文中,我们通过品牌增长的基本公式了解到,提高顾客数量和增加市场渗透率是品牌增长的关键。那么,如何增加顾客?这就需要深度了解顾客:顾客如何认知品牌,如何选择品牌,如何购买品牌。

无论是新品牌还是成熟品牌,都无法脱离"洞察顾客"谈品牌增长。但现实中有多少品牌创始人和操盘手真正了解自己的顾客以及竞品的顾客,受限于调研成本以及传统营销理念的束缚,品牌创始人和操盘手往往会根据自己的购买经验或者根据广告公司对于顾客的描述性假设对顾客做出"想当然"的判断,进而在实践操盘中采用了错误的营销方法,最终造成营销资金与精力的浪费。品牌创始人和操盘手在传统营销理念的影响下,往往会产生以下对顾客的错误认知:顾客在购买之前,经过了深思熟虑的比较;顾客对不同品牌的差异有明显的感知;顾客做出购买决策,是因为某个品牌差异化明显;顾客会因为钟爱一个品牌而成为忠诚顾客;高端顾客只会购买高端品牌,而低端顾客只会购买低端品牌;20%的忠诚顾客贡献80%的品牌销量;争取一个新顾客,不如巩固一个老顾客;不同竞争品牌的顾客群是有细分差异的;品牌应该寻找自己的细分定位顾客群;品牌应该针对自己的细分顾客群做精准营销。

这十条认知,是传统营销理论所宣传的,也是品牌创始人和操盘手在日常实践中的经验判断。同时,品牌创始人和操盘手往往会基于这十条判断做出如下营销举措:不惜成本进行细分顾客群定位和市场调研;基于定位和调研,选择自己的竞争对手;基于定位和调研,做出细分市场营销举措;选择精细化的营销渠道,而非大众化的营销渠道;执着于寻找与竞争品牌不同的产品概念,以及营销概念。

很遗憾，这些营销举措，在实践中常常难以衡量效果，可能会实现短期小规模的销量增长，但对于长期的大规模增长，几乎没有任何价值。这也就是为什么很多民营企业家抱怨职业经理人只会花钱做定位和营销，却不能带来实际的销量增长。

那么，顾客购买的认知真相是什么呢？在《非传统营销》一书中，作者通过大量实证数据，证明了八个颠覆性的顾客认知真相。

真相一，"花心"是顾客的天性。

传统的营销理论是基于"理性经济人"假设，认为顾客都是理性的。顾客在做购买决策时，会理性地对所有品牌进行比较分析，了解品牌之间的差异性，最终根据某个品牌的差异性而选择购买。所以，理论上一个品牌只要有足够的差异性，必然会吸引自己所定位的细分顾客群当中的一部分顾客成为自己品牌的"重度顾客"，即"忠诚顾客"。

但正如我们前面提到的，顾客其实没那么理性，"花心"才是顾客的天性，也不存在大量的重度顾客或忠诚顾客。所以，想要靠提升顾客的忠诚度来实现品牌增长非常困难。以巧克力为例，数据显示中国消费者平均一年会购买6种不同品牌的巧克力，一年只购买一种巧克力品牌的消费者只占到所有巧克力购买者的3.5%。也就是说，绝大多数购买巧克力的消费者是不会只购买一个品牌的（表3-2）。为什么呢？如果对比消费者一年内购买的品牌数和他们购买巧克力的次数，会发现购买巧克力次数越多的消费者，购买的品牌数也越多，品类的购买频次和多品牌的购买行为高度相关。换句话说，消费者每次购买巧克力时对品牌的选择似乎都是随机的，这次购买品牌A，下次就很可能会购买品牌B，消费者在巧克力这个品类上几乎是不存在品牌忠诚的。

表3-2　中国巧克力购买者占比与品类购买频次（2018年度数据）

购买品牌数量	消费者占比/%	品类购买频次
1	3.5	2.0
2	0.9	2.1
3	2.4	2.4
4	22.8	2.7
5	7.8	3.2

续表

购买品牌数量	消费者占比 /%	品类购买频次
6	11.0	3.6
7	2.0	3.9
8	2.7	4.4
9	1.3	4.9
10	20.4	5.5
11（及以上）	25.2	7.5

注：数据来源于凯度消费者指数，中国城镇家庭样本。

真相二，顾客的忠诚并非"排他"，而是"脚踏多只船"。

通常，顾客的"忠诚"都不是排他的，顾客购买不止一个品牌。购买的次数越多，购买的品牌也就越多。"脚踏多只船"式的忠诚，或称"分裂式忠诚"，是很常见的现象。所以，不要奢望顾客能够100%忠诚。竞争品牌之间顾客有重合，同一个品类中的每一个品牌的顾客也都会有重合。回到巧克力品类，据统计所有其他巧克力品牌和德芙的重合顾客会比和健达的要多。同样地，某一巧克力品牌销量增长时，其实是在夺取其他品牌的销量，夺取量的比例和这些品牌的市场份额的比例一致。剔除这些相互重合的顾客之后，每个品牌的独有顾客其实并不多。如果不考虑心理关联与购买便利性，品类中所有品牌其实都是相互可以取代对方的。健达和M豆重合的顾客规模比预知的要多，但还是少于它们与德芙或其他份额更大的品牌的顾客重合数。

真相三，购买频次越低的品类，忠诚度越高。

购买频次较低的品类，却有更高的忠诚度。比如药品，因为不经常购买，所以表现得有忠诚度，但如果从较长时间段来看，100%忠诚度的比例会大幅下降。购买越频繁，100%忠诚度就越低。所以，忠诚度当然是存在的，但它只是一个概率问题。比如购买频次较低的品类，或者在品牌有限（比如农村）的店铺里购买东西时，看起来都会显得比较有忠诚度。

真相四，不存在纯粹的细分顾客群，顾客大同小异。

传统的营销理念认为，每个品牌都可以找到自己的细分顾客群，进而可以针对细分顾客群，做精准营销和售卖。这也意味着，理论上，可能会存在一大批服务于小众细分顾客群且顾客非常忠诚、购买频次非常高的"小众而规模大"的品牌。但现实中，不存在这类"小而美"的品牌，小品牌的销售规模实际上不可能"美"。

同一品类中的品牌面对相似的顾客群。每一个品牌的顾客群与其他品牌的差异主要在于规模大小，即顾客的数量，而不是在人口特征、心理特征、个性特点、价值观和态度方面。所以，不要只盯着理论上的细分顾客群做品牌营销，而应该针对更大规模的品类顾客做营销。

真相五，顾客很忙，没空仔细理解"差异化"。

传统营销理论认为差异化非常重要，顾客会因为某个品牌的差异化而买单，认为顾客会仔细研究品牌之间的差异。然而现实中，顾客通常"很忙"，有成百上千的品牌想要进入他们的视线。顾客看到的品牌差异化并不明显，一个品牌的顾客并不认为该品牌与竞争品牌有什么不同，无论在符号性、情感化，还是在更平常的方面。

通常，顾客也不认为自己接受不了不同品牌。不同品牌的顾客对品牌表达出的态度是相似的，购买理由也是相似的。当顾客接受一个新品牌的时候，他们的态度也会改变，会变得喜欢上新品牌。

真相六，顾客选择品牌，通常是下意识的。

顾客每天面临许多选择，几乎没有太多时间仔细考虑品牌差异化，往往选择品牌时，都是下意识的选择和习惯性的购买行为，而顾客通常对自己的习惯并无意识，比如我们很少留意吃同样的饭菜，在同一商店购物，等等。正是因为这些下意识的习惯，让顾客能够迅速做出选择。

比起其他品牌，顾客只是单纯地更加容易注意、考虑和购买他们已经购买过的品牌。尽管品牌缺少差异性，附加值也不大，但这并不妨碍品牌拥有忠诚顾客和营销资产。这也就解释了为什么有些品牌没有太大差异化却依然增长迅猛的原因。

真相七，顾客对品牌的认识是多变的。

品牌人喜欢市场调研。在做市场调研时，品牌人喜欢设计类似"你如何看待某某品牌"的问题，针对这些问题，顾客的认识和态度，前后并非绝对一致。

做调研时，顾客可能会自然而然地说："我对这个品牌完全满意。"但过了一个小时，可能又会说："我对这个品牌只是部分满意。"实际上，顾客关于品牌的认识是非常琐碎的，很少经过深入思考，会在短时间内改变想法，确切地说，不算改变想法而是没有完全想好。或者说顾客早就决定，只是有时候想到或者购买这个品牌。因此，对品牌的忠诚承诺远不如营销神话所说的那样。

真相八，顾客会买各种价位的产品，不限于高端或低端。

传统营销理念习惯将顾客按照消费能力划分为高端、中端和低端。简单地认为，高端顾客只会购买高端产品，而低端顾客只会买低端产品。但现实中，顾客不会限制自己只买某种价位的产品。

在现实中，大多数顾客购买的产品涵盖不同价位。他们既会买同一品牌不同价格的产品，也会买不同价格的不同品牌。诱发顾客购买行为的因素有很多：接触产品的便利程度、产品促销力度、产品外观吸引程度、不同的需求、情绪的变化、渴望改变的意愿，还有比如他们的祖母要来看他们了等突发情况。这些随机因素，使顾客购买的产品，实际上涵盖了不同价位。

凯度消费者指数对美妆行业的调研数据也同样显示：同一个女性消费者总是在购买不同品牌的化妆品，并且会同时购买高端的精华和低端的爽肤水，超过70%的消费者会购买两个或两个以上不同价位的产品。食品类品牌也同样如此，以饼干品类为例，整个品类的平均价格为48元/千克，如果我们将38元/千克的产品设为低价产品，38～57元/千克设为中档产品，57～71元/千克设为高端产品，71元/千克以上的产品设为超高端产品，我们看到只有10%左右的饼干购买者会只购买其中一个价位的产品。20%左右的消费者会购买两个价位的产品，30%的消费者会购买三个价位的产品，而从低到高四个价位产品都购买的消费者占到整体饼干购买者的近40%（表3-3）。

表 3-3　中国购买不同价位饼干品类的消费者占比（2018 年度数据）

购买价格段数	消费者占比 /%
只购买一个价格段	10.3
低 + 中	9.4
低 + 高	1.4
低 + 超高	4.5
中 + 高	0.8
中 + 超高	2.6
高 + 超高	1.0
低 + 中 + 高	5.6
低 + 中 + 超高	17.7
低 + 高 + 超高	3.3
中 + 高 + 超高	3.4
低 + 中 + 高 + 超高	39.9

注：数据来源于凯度消费者指数，中国城镇家庭样本。

综上关于顾客的八大认知真相对许多品牌人而言，都是颠覆性的。但同时，它也给品牌增长带来福音，比如，不需要再担心"细分顾客群"已经增长到头了；不用害怕竞争对手，因为顾客对它也同样"不忠诚"；不用过于耗费精力，非要寻找一个差异化的定位与概念；不用过于纠结如何挽留老顾客，CRM 没有想象中那么有用。总之，不要为品牌增长设限，只有持续不断地做好大渗透，才能让品牌持续增长。

小　结

上一章列举了困扰品牌创始人和操盘手的常见问题，也列举了一些现实中经常遇到的错误的品牌认知以及营销理念。为什么这些传统的理念会失灵？为什么实战派会怀疑这些理念？根源在于，理论和模式的讨论都过于追求噱头，追求琐碎而无用的细节，而脱离了品牌增长的基本公式。所以，本章首先回归到品牌增长的基本公式，从顾客数量、购买频次和客单价这三个要素出发，去一一探讨能够真正影响品牌增长的是哪些因素。

大量的实证数据表明，真正影响品牌增长的是顾客数量，只有不断地扩大品牌市场渗透率，才能促进品牌增长，提升品牌市场份额，从而提升品牌的顾客忠诚度。

第四章

品牌竞争的认知偏差

99%的品牌不知和谁竞争

按照菲利普·科特勒（被誉为"现代营销学之父"）等营销大师的观点，品牌应该对市场进行细分定位。这种观点告诉我们进行市场判断和决策时，要将目光聚焦在所谓细分市场的竞争对手身上，缩小竞争对手的范围。所以很多操盘手认为自己品牌的竞争对手应该是和自己定位相似的品牌。

然而现实中的竞争对手却比想象中的要多，有的品牌不了解自己的竞争对手都有谁，抢夺市场份额的可能并不是与自己定位相似的品牌，而是自己没有注意到的品牌，甚至竞争对手的品牌与自己的品牌都不属于同一个品类！比如在外企，定位竞争对手的方法除了衡量定位是否相似之外，还会依靠数据（观察销量数据）等。但这里有个核心问题，有的品牌数据是无法监测到的，那么没有被监测到数据的品牌是否也是竞争对手呢？现实中往往会忽略这些监测不到数据的品牌。

比如2010—2013年，OLAY在大中华区的销量下滑，当时市场部以及市场调研部去研究竞争对手时，采集的数据是大超市和百货商场的销售数据以及消费者调研数据，但这些数据当中都没有涵盖增长迅猛的本土品牌，比如美肤宝（表4-1）。所以当时OLAY市场部在做内部销量分析报告时，因为缺乏数据而忽略了这些本土品牌对自己市场份额是否有蚕食。即便内部人士知道还有许多竞争对手存在，但因为数据不支持，无法写销量汇报，只能选择性忽略这些貌似"看不见"的竞争对手。

在手机市场中，如果苹果手机按照细分市场定位的理论来考虑自己的竞争对手，那可能找不到能与自己匹敌的竞争对手。但苹果的顾客与华为、小米等手机品牌的顾客重合度并不小。根据2019年凯度消费者指数的数据显示，在同时拥有两部手机的

表 4-1　2018 年购买 OLAY 同时购买其他品牌的消费者占比（前 10 位）

百雀羚	大宝	妮维雅	巴黎欧莱雅	相宜本草	美加净	郁美净	韩束	一叶子	隆力奇
24%	24%	17%	16%	12%	12%	8%	8%	8%	8%

注：数据来源于凯度消费者指数，中国城镇美妆样本。

消费者中，大约有 30% 的消费者会选择不同品牌（表 4-2）。不管是苹果用户，还是华为或小米用户，这一比例都比较类似。另一方面，当消费者购买新手机时，更换品牌的概率非常高，例如华为手机 57% 的增长销量来自品牌转换，其中 21% 来自苹果，21% 来自荣耀，16% 来自小米，还有超过 40% 来自其他中小品牌。因此品牌创始人和操盘手考虑竞争对手的眼光需要更宽广。

表 4-2　2019 年拥有两部手机的用户中不同品牌消费者占比　　　　单位：%

分类	苹果	荣耀	华为	小米
同品牌手机	74	68	70	74
不同品牌手机	26	32	30	26

注：数据来源于凯度消费者指数，2019 年中国城镇手机样本。

再比如拉卡拉这个品牌，如果按照细分市场定位来寻找竞争对手，那么它也可能找不到相匹配的竞争对手，因为在银联支付的领域中几乎没有能与拉卡拉匹敌的竞争对手。但后来拉卡拉的市场份额被蚕食，并非因为同品类的品牌竞争，而是支付宝和微信等无卡支付方式的兴起，导致新品类在蚕食旧品类。因此，竞争对手可能不是同品类，而是其他新兴品类。比如电子烟品类的兴起，蚕食的是传统烟的市场，当然电子烟作为新品类，也在增大整个烟类市场的渗透率。

所以，仅仅凭借细分市场定位来判断或者仅仅靠能够观察到的数据去判断竞争对手，往往会让我们忽略或难以发现关键的竞争对手。那么，我们的品牌到底和谁竞争？该如何去判断我们的竞争对手呢？

笔者认为可以采用《非传统营销》一书中提供的"顾客重合度"分析法：利用购买重合度表格，调研一段时间内购买 A 品牌的顾客同时也购买 B 品牌至少一次的方法。

表 4-3 是一个购买重合度表格模板,它可以展示出同一种类产品中,一个特定时间内品牌和竞争对手顾客重合的程度。单元格中的 100% 是指品牌和自身的顾客重合度,从逻辑上来说,应该就是 100% 的。

表 4-3 购买重合度表格模板

品牌	购买比率	同时购买其他品牌产品的顾客百分比			
		A	B	C	D
A	最高	100%			
B			100%		
C				100%	
D	最低				100%

在使用这个表格时,要注意以下几点。

(1)不能做太长时间段的分析。长时间段的分析会让我们误入歧途,因为每一个品牌都可能和其他品牌的顾客群体有很高的重合度。比如在软饮品类中,几乎所有品牌的顾客群都和可口可乐有很高的顾客重合度。

(2)不能做太短时间段的分析。在短时间段内,许多顾客还没有来得及买某一品类的产品,分析不出来有价值的顾客购买重合度的数据。在使用这个表格时,抓取的时间段应该足够长,长到让大多数顾客可以发现他们购买的品牌有哪些,比如一年内。

(3)不能认为重合度分析适用于所有时间段。它仅仅观察的是某一个时间段,而非绝对的标准。

当我们使用顾客重合度表格分析品类时,就会发现购买重合规律的存在。在一个品类中,一个品牌的顾客群往往和竞品重合,重合多少取决于市场份额(份额越大,重合越多)。假设一个品牌 30% 的顾客也在买另一个品牌 A,那么相应竞品的 30% 顾客也在买品牌 A。购买重合规律听起来像是直觉,但准确度却让人惊讶,在《非传统营销》一书中已经有大量数据证明,这里不再赘述。购买重合规律显示,每一个品牌和它的竞争对手之间的顾客群体都会存在着一致的重合,重合的程度也和品牌的市场份额相对应。相比小品牌，大品牌和竞争对手之间会有更大的顾客重合度。

比如可口可乐，因为市场份额足够大，所以几乎和所有的竞争对手都有顾客重合。竞品的顾客中，很大一部分也都买可口可乐。这说明所有品牌都在与可口可乐激烈竞争，没有一个品牌把产品卖到了可口可乐没有进入的独特细分市场。因为可口可乐的顾客群规模太大了，几乎没有一个软饮品牌可以摆脱与它的竞争。再比如潘婷，在中国头发洗护类产品市场里，年度采购的购买重合度表格显示潘婷与其他品牌共享2/3的顾客，而最小的品牌清扬只和其他品牌共享1/5的顾客（表4-4）。

表4-4 中国头发洗护类产品市场的购买重合度表格

顾客购买过的品牌	购买该品牌的顾客比例/%	过去一年也买了其他品牌的顾客比例/%											
		海飞丝	飘柔	清扬	潘婷	沙宣	欧莱雅	阿道夫	力士	多芬	丝蕴	舒蕾	施华蔻
海飞丝	28		30	30	32	31	27	24	26	29	27	29	26
飘柔	24	26		24	28	26	24	18	29	27	25	28	21
清扬	18	20	18		19	21	20	17	22	23	17	18	18
潘婷	17	20	20	18		21	18	13	22	21	18	18	18
沙宣	10	11	11	12	12		12	10	13	12	10	9	14
欧莱雅	10	10	10	11	11	12		9	12	15	14	10	16
阿道夫	9	8	7	9	7	9	9		8	8	8	7	8
力士	7	6	7	8	9	9	8	6		11	8	8	6
多芬	7	7	7	8	9	8	10	8	11		8	8	8
丝蕴	6	6	6	5	6	6	8	5	7	7		7	10
舒蕾	5	6	7	6	6	5	7	4	7	6	6		4
施华蔻	4	4	4	4	4	5	6	8	4	5	8	3	

注：数据来源于凯度消费者指数，中国城镇家庭样本。

所以，按照购买重合度表格分析法和购买重合规律，在同一品类中的所有品牌，都与该品类中的其他品牌有顾客重合，而重合度取决于其他品牌的市场份额。也就是说，每个品牌都与大品牌顾客重合度高，与小品牌顾客重合度低。

很多时候，品牌人会低估竞争品牌的数量。细分市场定位营销理论也总是在告诉我们要缩小竞争对手范畴，扩大市场中细小的差异。那些认为品牌可以通过某种差异化（比如价格）销售给不同人群或者销售到不同的场景中的假设，往往都是不真实或者被过分夸大的，会让我们为自己在细分市场的市场份额而沾沾自喜，却忽略了其他正在蚕食我们市场份额的危险对手。所以，不要偷懒，也不要凭借经验判断，而要尊重事实和规律，回归到品牌竞争的源头——争夺顾客，去寻找自己的竞争对手，做一个购买重合度分析，然后根据发现的市场区隔，再对其进行深入分析，比如对高端品类和低端品类进行单独分析。

顾客流失是品牌无法控制的

在前面的内容中，我们讲到顾客是"花心"的，是分裂式忠诚，也了解到品牌之间竞争的源头是争夺顾客。在讨论寻找品牌的顾客群之前，我们先围绕"顾客流失"的问题进行讨论。

传统营销理论以及广告公司喜欢用"Love Brand"来形容"品牌的终极"，认为做品牌的最终意义就是建立一个让人钟爱的品牌，因为钟爱所以忠诚，尤其是有情怀的品牌创始人都痴迷于建立一个让顾客"买了就爱上"的品牌。但现实中，真的如此吗？顾客会一直钟爱他们购买的品牌吗？很遗憾，显然不是。

顾客不仅是"花心"的，而且对品牌差异化感知不太敏锐，没有百分百的忠诚度。每个品牌每年都在不断地流失顾客，且各个竞争品牌的顾客流失率差别不大。品牌的顾客流失率，实质上只是反应品牌市场份额与其品类属性的一个指标而已。品牌一年内流失多少个顾客，取决于该品牌一开始有多少顾客可以流失。大品牌每年会流失更多的顾客，当然他们也会得到更多的新顾客。但是，大品牌失去的和得到的顾客之间的比例，要小于那些小品牌，也就是说较大品牌的流失率会比较低。

听起来很残酷，但这就是前面提到的双重危机定律——大品牌拥有相对更高的顾客忠诚度，且顾客忠诚度随着品牌市场份额的减少而下降。表 4-5 是洗衣液品类的品牌市场份额、渗透率，以及顾客忠诚度的数据显示。虽然不同品牌的市场份额相差很大，但忠诚度相差不太大，且忠诚度随着市场份额的下降而下降。

表 4-5　洗衣液市场份额与渗透率、忠诚度的关系

品牌	市场份额 /%	渗透率 /%	忠诚度 /%
蓝月亮	27.5	33.5	54.8
立白	15.0	21.3	46.8
奥妙	10.6	15.4	42.8
汰渍	5.3	8.5	41.5
好爸爸	5.2	7.2	42.4
碧浪	3.2	4.9	33.8

注：数据来源于凯度消费者指数，中国城镇家庭样本。

为什么会这样？原因是很多时候顾客的流失是完全不受品牌影响的，比如在中国，因为在线支付方式发达，人们出门普遍不再携带钱包，当出现某一个店铺必须要求使用现金或者银行卡支付时，顾客可能就会放弃购买，这不是因为顾客不喜欢这个品牌而仅仅是因为支付方式而已。再比如星巴克咖啡因为品牌形象良好，拥有许多会员和粉丝，但即便是会员也不会总喝星巴克，他们可能会因为公司附近没有星巴克而不得不选择其他咖啡品牌。

许多人可能会拿奶粉等母婴行业的品牌案例来质疑顾客流失和顾客忠诚度这一点，但真正在操盘这些品类的同行们都心知肚明，自己所有的营销预算其实几乎都在获取新顾客。为什么？虽然母婴行业对比其他行业，貌似有一定的顾客忠诚度，但其实在品类内部，各个品牌所具备的"天赋异禀"其实都大同小异。想要在品类内部竞争，想要获取比竞品更多的市场份额，就必须靠不断拉新来扩大市场份额。凯度消费者指数全国母婴样组数据显示：在 0～3 岁宝宝家庭中，有 30% 的家庭只购买 1 个奶粉品牌，有 30% 的家庭会购买 2 个奶粉品牌，剩下 40% 的消费者会购买 3 个或更多品牌。相对来说，一阶、二阶奶粉的忠诚度较高，平均一个家庭会购买 1.4 个品牌，而到了三阶，平均购买的奶粉品牌数就增加到 1.7 个。

总之，顾客流失是一个客观事实，顾客忠诚度也不太能被优化多少，且忠诚度优化也不会带来品牌大规模增长。在现实中，每个品牌其实都面临着大量的竞争，而且

竞争品牌都不断地在想办法将我们的顾客抢走。不管我们怎样照顾顾客，总会有某个竞争者出现抢走我们的顾客。

品牌的顾客都是互相重合的

通过前面的分析,我们了解了每一个品牌和它的竞争对手的顾客群体都存在着一定的重合。而大品牌和竞争对手会有更多的顾客重合。例如肯德基和麦当劳的消费者中,有接近40%的消费者都是重合的(根据凯度消费指数一二线城市户外样组)。总之,我们的顾客没有想象中那么特殊。我们品牌瞄准的顾客群其实和竞争对手的差不多,当然竞争对手的顾客群也和我们的相差不大。也就是说,同一品类中每个品牌都有机会争取到这些相差无几的顾客群。

虽然不同品牌的顾客群内部存在差异,总是有不同类型的人存在,但这种内部的差异性,在不同品牌之间也是相似的,这是一个很重要的事实。很多品牌创始人和操盘手思考问题时会习惯性偷换概念,比如思考自己的品牌时,常常会忽略品类里其他竞争对手可能面临同样的情况,会以为自己比较特殊。也许自己确实有特殊性,但一定要注意,这种特殊性也发生在竞争对手那里,他们的情况也和我们差不多。

所以在建立品牌时,在制定品牌营销策略和渠道策略时,不应该为自己提前设置限制,仅仅针对某一群假想顾客中的细分顾客群体,而应该尽可能地针对更大的群体,甚至整个品类的顾客。因为无论如何筛选和定位不同的细分顾客群体,最终还是会回归到普通顾客身上,只有这样才能扩大市场份额。研究发现,品牌的市场份额越大,其顾客群中的普通顾客规模就会越大。

一个品牌如果想要大规模增长,必须要渗透到更多的普通顾客中,并非我们所定义的与众不同的细分人群。而这些普通顾客我们该如何去界定他们?他们又具有除了购买重合规律之外的哪些购买行为规律?通过大量数据研究表明,除了购买重合规律之外，还有两个比较典型的购买行为规律。

第一，顾客中庸规律。顾客中庸规律是指那些在某个阶段被认为是重度顾客的人，其实往往在下一个阶段的购买频次会非常低，而那些所谓的轻度顾客，在下一个阶段的购买频次可能会变得很高。这种回归到平均的现象，常常在现实中发生。顾客中庸规律所揭示的也是非常容易理解的事实：顾客的购买行为是随着时间变化而变化的，在某一个阶段购买得多，在下一个阶段可能就不购买了。比如，化妆品品牌通常会在"双11"期间通过大量促销来刺激女性顾客囤货，在这一阶段女性顾客的购买客单价会增加，或者之前已经购买过的女性顾客趁着"双11"促销再次购买，看起来好像购买频次增加了，但"双11"过后她们的购买频次和客单价又会恢复平均。而那些在"双11"期间没有购买这个品牌的化妆品的新顾客，可能在"双12"或者新年又进行了购买。从较长一段时间来看，顾客在一年中购买化妆品的频率和客单价其实是不太受某个单一品牌影响的，而是受化妆品整个品类的使用频率影响。

品牌人往往会对重度顾客感兴趣，因为他们认为20%的重度顾客贡献了80%的销量，但这个二八原则并不是真相。随着时间推移和品牌增长，一个品牌的典型顾客其实大部分都是轻度顾客，20%的重度顾客也贡献不了80%的销量，且要远远小于这个比率。原因不仅在于顾客中庸规律，还因为20%的重度顾客的购买频次和客单价无法被优化太多，恰如我们之前反复强调的：品牌是无法通过提升忠诚度来达到大规模增长的。以前面提到的OLAY为例，20%的重度消费者在2018年仅贡献了63%的品牌销售，也就是说品牌还有将近40%的销售来自剩下80%的轻度消费者。另一品牌2016年的重度消费者贡献了64%的品牌销量，但是到了2018年这群人的销量贡献只剩55%（凯度消费指数全国美妆样组）。品牌努力维护的重度消费者也会逐渐减少对该品牌的消费或者干脆去买别的品牌，这就是消费者最真实的购物行为。

所以，顾客中庸规律告诉我们，不要过于执着追求重度顾客。一个品牌的典型顾客其实大部分都是轻度顾客。现实中，轻度顾客比我们想象中购买得多，而重度顾客要比我们想象中购买得少。随着时间推移，重度顾客对销量贡献占比会越来越少，而那些轻度顾客甚至是不怎么购买的人，对销量贡献的占比则会变多。

第二，行为决定态度。行为决定态度是指顾客往往对于他们购买过的品牌更有观点，会影响顾客对品牌的注意力、认知和态度。虽然不同品牌的顾客群大同小异，属性类似，但是他们也有区别，因此会选择购买不同的品牌。而这种购买行为，又会影响顾客的态度。这很好理解，因为人类的大脑认知会受过往经验和习惯的影响，并且人们确实更加了解自己买过的品牌，而对自己没买过和用过的品牌确实不了解。

在《非传统营销》一书中对于这种行为决定态度的规律有一个形象的描述——我爱我妈，你爱你妈。行为决定态度会产生两个相反的结果——正面和负面。顾客的购买行为有可能会加深自己对品牌的好恶认知，所以提醒品牌人一定要让顾客在购买体验中形成正面的认知。

总之，回到结论——品牌增长的基础其实是渗透率的增长，要扩大渗透，必须不断地拉新而非只靠忠诚顾客计划。不要总纠结你的顾客忠诚度或者返单率，因为顾客流失率其实并不是由你控制。即便要提升顾客忠诚度也要将重点放在老带新上。只要你拥有足够大的市场份额，相对也就会拥有较高的顾客忠诚度，当然，这个忠诚度和竞争对手相比，差距没有想象中那么明显。

不要盲目模仿竞争对手

很多品牌确立了自己的竞争对手后，都会积极模仿竞争对手或者制定针对竞争对手的防御方案（Defense Plan）。这里要提醒品牌创始人和操盘手不要盲目抄袭和对抗竞争对手。

第一，我们往往无法准确地定位竞争对手。前面讲过，我们经常会用细分市场的逻辑来界定竞争对手，但现实中，竞争对手比想象中的还要多，顾客其实是在购买各种品牌。如果抄袭和模仿通过细分市场逻辑界定的竞争对手，可能会忽略了真正的竞争对手。比如，在中国市场 OLAY 曾经将旁氏、卡尼尔作为自己的竞争对手。可能从品牌定位、品牌形象、售卖渠道、运营团队等维度来观察，这些品牌看起来确实比较相似，好像是 OLAY 直接的竞争对手。所以在 2015 年以前，OLAY 一直将旁氏、卡尼尔作为竞争对手进行市场跟踪调研，但却忽略了大量中国本土竞争对手。

第二，我们往往不了解竞争的本质。很多品牌人在评价竞争对手时，会经常迷失在"中间过程"中，比如会主观认为竞争对手的某某创意很好，某某设计不错，某某抖音视频内容不错，然后就开始跟进，要么模仿，要么立志要超越竞争对手。但不知，这些创意、设计、内容或者其他营销和促销行为，只是"中间过程"而非"最终结果"。到底这些创意和设计，有没有产生好的短期或者长期品牌增长效果？到底这些营销和促销行为是否有利于促进品牌增长？到底竞争对手的这些"中间过程"操作是否带来了更多的市场份额？总之，如果不是从竞争的本质——"抢夺顾客和市场份额"的角度出发来思考问题，就很容易迷失在中间过程的指标中，会被看似美好的创意迷惑，最终可能导致这些创意并没有什么好效果。

第三，我们不了解竞争对手增长的真相。对于竞争对手的增长原因，我们好像都能分析两句，但对具体细节，又知之甚少。为什么？因为品牌增长是一个系统性的工程，不是单独一个"风口"就能解决的或者具备某个突出能力就能达成。当然，无论是营销还是渠道，单一的因素做到极致，也可能会促进品牌增长，但单一因素的执行也是非常复杂的，是很难抄袭和模仿的。比如完美日记的飞速增长，有同行曾经分析出来该品牌的网红投放数据，但问题在于，如果一个品牌抄袭这个套路或者参考这个套路，一定会有用吗？完美日记快速增长背后的真相只是网红投放吗？并不见得。

第四，我们忽略了自己的能力与限制。在模仿和抄袭竞争对手时，品牌人往往会忽略自己的能力限制。每一个品牌背后的团队和资源条件不同，所具备的优势和劣势也不同。现实中，有时即便我们有心但却无力，不是我们想模仿就能模仿的。假如人人都可以模仿成功增长的品牌，那么市场上很容易就会涌现出更多的成功者，但显然现实不是这样的，成功的新品牌还是九牛一毛。总之，还是要回归到竞争的本质来思考与竞争对手之间的关系，并以此指导做出营销和销售决策。

品牌竞争的本质就是大渗透的竞争

顾客在市场中面临诸多不同品牌的选择时,最终会选择哪个,这可能与品牌的历史、定位、质量、情怀等并不太相关,而更多是与如下两个因素相关。

(1)品牌的心智显著性:指顾客在购买场景下更倾向于想到某个品牌。

(2)品牌的购买便利性:指某个品牌是否容易被发现和购买到。

品牌的心智显著性和购买便利性两者相结合,是品牌市场份额和大渗透水平的主要驱动力。市场份额越大的品牌,代表它们的大渗透水平越高,更容易被更多的人想到,也更容易在更多场合被购买到。而市场份额越小的品牌,就算具有悠久的历史、出色的定位和产品质量,但可能因为顾客不知道而不可能选择,或者顾客虽然知道这个品牌,但在购买场合中想不起来,或者购买不到。毕竟,能让顾客想得起、买得到才是让顾客能够选择购买的最直接因素。

从长远来看,品牌之间的竞争,实质上就是心智显著性、购买便利性上的竞争。如果能够提高品牌心智显著性和购买便利性,产品创新也会更有效。

那么,如何建立品牌的心智显著性?这就要知道顾客的记忆到底是如何运行的,在第五章会详细阐释,这里仅仅简单讲述。

人的大脑记忆其实与记忆切入点的链接有关,比如提到冬季大脑自然而然地联想到保暖,看到麦当劳会促使我们想到黄色拱门。这些链接就会对顾客的认知产生影响,伴随着顾客购买品牌的行为,对该品牌的记忆不断加深。需要注意的是顾客是健忘的,顾客记忆是需要不断加深的。这也是可口可乐已经成为全球知名品牌却依然还在不停地打广告的原因。为什么大品牌还在不停地营销大渗透,就是因为他们知道顾客是健忘的，也没有什么忠诚顾客，顾客的记忆是需要不断被提醒的。

那么，如何建构和提醒顾客记忆？这就需要做到以下两方面。

（1）建构品牌的独特性资产，让顾客能够容易辨识和记住。

（2）通过不断营销，刷新顾客记忆切入点，让顾客尽可能多地联想或链接到品牌独特性资产。

当我们想唤醒顾客记忆时，要注意，顾客的记忆不只是视觉方面的，还有嗅觉和味觉的感官记忆，快乐和痛苦的情感回忆。比如当我们想起某钻石品牌，可能就想到了求婚或者婚礼的开心场景。所以一个品牌在顾客记忆中拥有的链接点越多、越新鲜，顾客就越容易想起品牌。

品牌的顾客记忆链接其实包含两个基本要素：记忆链接的广泛性和新鲜性。

有的品牌虽然早已家喻户晓，也在顾客认知中拥有广泛的记忆链接，但因为它不更新，顾客在当下的购物场景中很难想起来这个品牌。比如健力宝，一提到健力宝，大多数中国顾客都会说："噢，知道健力宝。"但一到购物场景里，大家还是想不起健力宝，还是会选择可口可乐等品牌。因为健力宝已经太久没有出现在顾客眼前，而可口可乐几乎每天都在眼前曝光。现实中这类曾经很有知名度，但随着大渗透减弱而被人抛之脑后的"老品牌"比比皆是。

所以，建立品牌心智显著性，需要持续不断地营销大渗透，建立更多与品牌相关的记忆链接，以此来扩充人们脑海中跟品牌相关的记忆网络，这也被称之为品牌的心智占有率。

除了心智显著性之外，品牌之间竞争的关键在于购买便利性。如何提高购买便利性，让品牌在更多购物场景中能被尽可能多的顾客注意到和选择购买？这涉及的不仅是品牌的渠道渗透规模，还包括渠道的渗透质量，比如陈列质量、陈列位置等。很多品牌人可能觉得电商是一个便利性较高的渠道，但其实对于顾客而言，并不一定，顾客如果不主动搜索，可能看不到品牌，也就想不起购买品牌。真正的便利性是就算顾客不主动搜索，也能够随时看到，比如顾客在线下渠道能够随处可见可口可乐，可口可乐就是一个渠道大渗透水平极高，对顾客而言购买便利性极强的品牌。当然因为现实中品牌之间往往竞争激烈，能够直接渗透到顾客面前的渠道资源实际上不多，所以品牌的渠道大渗透门槛也并不低。

总之，品牌之间竞争的本质是大渗透水平的竞争，如何去抢夺更多的顾客、更大的市场渗透率，关键不在于自己的定位有多优秀，而在于我们的品牌是否让顾客想得起、买得到，是否能够在心智显著性和购买便利性两个指标上都表现优秀。而要做到高水平的心智显著性和购买便利性，就需要品牌持之以恒、持续不断地坚持做品牌大渗透，也就是营销大渗透和渠道大渗透。

小 结

通过本章的讨论,我们会发现品牌不应该局限自己的竞争对手范围,应该观察整个品类的竞争对手。同时,品牌不应该局限自己的顾客群体,认为自己的顾客群是与众不同的,品牌和竞争对手之间抢夺的顾客其实大同小异,并没有那么难抢,顾客也没有那么忠诚,这也就是说,我们的品牌可以通过不断获取新顾客而实现增长。

总之,品牌之间竞争的本质就是大渗透水平,如何能够渗透到更多的顾客,需要从两个核心指标入手:心智显著性和购买便利性。下一章将会详细阐释如何衡量和应用这两个指标。

中篇

品牌增长的底层逻辑

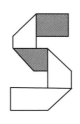

第五章

大渗透：品牌增长的本质真相

顾客记忆切入点：品牌大渗透的关键途径

没有品牌不想增长，但问题是如何增长？诚如我们所知道的，品牌增长的本质在于大渗透。同一品类中，大品牌和小品牌之间的差异，不是购买频次，而是渗透率。那么，这里就首先要明确一个根本问题——到底品牌是如何渗透到顾客认知中的？顾客到底是如何认知品牌的？不了解顾客认知的根本逻辑，就无法了解品牌大渗透的本质真相。

在传统的营销类著作中，虽然假定顾客是理性的，但对顾客认知的解读却极少。实践中，也是如此。但如果不了解顾客大脑的运作模型，就很容易陷入"我觉得应该是这样"的个人经验判断中。

我们常常会理所当然地假设大脑是理性的，会指导我们做出最优的选择。但科学研究证明大脑并非那么理性，往往依靠我们过往的记忆结构做出决策。那么，我们大脑中的记忆结构到底是怎样的？这里需要引入《非传统营销》中提出的理论：记忆联想理论。这套理论体系认为，记忆是由不同的切入点或者叫节点组成的。当这些切入点相遇时，即可组成链接（相互关联）。

在这个体系里有两个关键词：节点和链接。首先，记忆是由一个个切入点组成的。其次当这些切入点相互有关联时，就会让人在大脑中自然而然地形成记忆联想网络。基于此，我们的记忆过程和方式包括如下几种：

字面记忆——人们关于词语字面意思的记忆。

情节记忆——人们对事件或者情节的记忆。

内隐记忆——指人们潜意识中的记忆。

感觉记忆——人们对味道、气味、声音、视觉、触觉等与五感相关的记忆。

正是因为这些记忆，让人们在日常生活中迅速做出相应的决策。帮助人们顺利度过每一天，否则如果人们需要太长时间来理性思考每一个决策，人生就会变得"无比艰难"。顾客的购物选择往往就是通过这些记忆过程，才能"不费力气"地做出每一天各种各样的选择。

当我们观察婴儿的行为时，就会更加了解记忆联想网络。看到下雨，婴儿会联想到伞，这可能是父母曾经带着婴儿出门时下雨打伞的行为，使得婴儿在脑海中拥有了这个记忆联想。

那么，知道了大脑是靠记忆联想网络来存储、编译和提取信息，对于品牌而言，有什么启发呢？虽然顾客的记忆过程是相同的，但不同品牌的记忆切入点是不同的，而顾客会靠这些不同的记忆切入点来记忆和认知品牌。大部分情况下，大多数顾客的购买过程很短暂，很少会耗费较长时间来理性思考不同的品牌到底有什么不同，而更多是依赖记忆来做决定。比如脑白金通过大量的广告促进顾客在记忆中将"给父母送礼"和"脑白金"相挂钩，虽然不少人很讨厌脑白金的广告，但不妨碍人们到了店铺，会自然而然地联想到脑白金可以作为礼物送父母。

另外，顾客在购买时，并非在脑海中列出来某品类内的所有品牌清单，再去搜索和筛选自己想要的品牌，而是对大脑里已经存在的几个品牌进行选择或评估。顾客往往是搜索记忆中的线索来决定购买什么，而这些线索往往只够想起来几个品牌，而不是全部品牌。所以对品牌而言，就一定要想办法弄清楚，顾客到底是通过哪些记忆线索来检索品牌的，并且尽量与这些记忆线索挂钩。所以，对于品牌而言，必须做到以下两点，才能加强在顾客记忆中的印象，并能够被顾客的记忆检索到。

其一，要先了解顾客在选择品牌时会用到哪种线索。

其二，持续建构强大且新鲜的线索关联。

这里要注意，了解顾客的记忆线索并非从品牌角度去思考，而是从品类角度去思考。记忆线索来自顾客在进行品类购买时存在的共性，比如冬天都会想买保暖服装，夏天可能都会想到冷饮，我们把这些能够引导顾客做出购买选择的记忆线索结构称为有效的品类记忆切入点。

至于在这些购物场景中,顾客到底能想到什么品牌,就取决于这些品牌与顾客的品类记忆切入点之间联系的广度和强度。品牌与这些品类切入点联系越紧密,就越能增加品牌被优先想起来的机会,也就是说它的心智显著性越强。在现实中,品类记忆切入点可能是购买场景,可能是消费场景,可能是使用环境,或者是和谁在一起,或者是需求,再或者是这一品类可以提供的核心价值。

品类记忆切入点是顾客链接品牌的途径。品类记忆切入点越多,品牌的链接途径越多,品牌能够脱颖而出的机会就越多。这些品类记忆切入点像网点一样分布在顾客脑海中,品类记忆切入点是建立品牌心智显著性的认知渠道。所以,品牌在顾客认知层面的竞争其实是在竞争这些品类记忆切入点联系的广度和深度。在后续篇章将会继续分析如何衡量广度和深度。在此之前,我们要继续了解顾客的品类记忆切入点是如何形成的。

一般而言,内部因素和外部因素都会对顾客的记忆切入点有影响。顾客可能在许多场景中,对某个品类有了一定的记忆,比如:存在某些原因;在某些时间段;在某些地点;和某些人在一起时;做了某些特殊事情。顾客在如上各个场景中,都可能会联想到一些品牌。

每个品类都有一系列的品类认知切入点,而品牌要做的就是要尽量争取优先链接这些"品类记忆切入点",且联系的广度和深度要足够大。这与传统的营销理念不太一样。传统理论认为品牌只需要做好细分定位,占据一两个品类记忆切入点即可。但现实中,往往大品牌比小品牌拥有更广泛的品类记忆切入点,而非更犀利的品类记忆切入点。这些记忆切入点其实就是我们所谓的品牌资产。

如果我们要做一个大品牌,就不能自我设限,而应该让品牌与品类中不同的记忆切入点进行链接,而非一两个。比如海底捞,并没有局限于"火锅"这一个记忆切入点,而是持续拓展了更多的记忆切入点,比如"生日聚会""团队建设"等场景型的记忆切入点,"好服务"等情节型的记忆切入点。

总之,顾客记忆点是品牌大渗透的关键途径,只有影响了顾客记忆点,才有可能在顾客心智中植入品牌，影响顾客的心智显著性。一个品牌能够关联到的品类记忆切入点比竞争对手越多，它的获胜机会就越大，因为这使得它在任何购物场合都能突显出来，能被顾客想得起。品牌在顾客认知层面上的竞争，也就是心智显著性上的竞争，其实就是在竞争这些顾客大脑中的品类切入点的链接数量与质量。无论是通过营销大渗透，还是渠道大渗透的方式，关键都不是在于"猛砸钱"，而在于"巧砸钱"，能够最终影响顾客记忆点，也就是建立顾客心智显著性，只有建立在顾客心智显著性的基础上，顾客购买便利性才有更大的意义。另一方面，在"所见即所得"的当下，在建立顾客心智显著性的同时还应该让他们能立即便利地购买。其实营销大渗透和渠道大渗透的作用已经相互融合，并非完全割裂。

营销大渗透：建立心智显著性

品牌为什么需要持续不断地营销大渗透？根源在于，顾客是健忘的、是忙碌的、是非理性的，所以必须要不断地保持和增加品牌在顾客心智当中的显著性，才能影响顾客的购买选择，进而提升品牌在顾客群中的渗透率，从而促进品牌增长。那么，营销大渗透，到底是如何提升顾客心智显著性的？我们首先需要了解这背后的原理，然后用原理指导营销大渗透的实战操作。

正如之前篇章所说，品牌在心智显著性上的竞争，其实就是不断地刷新顾客记忆、争夺更多记忆切入点的竞争。随着时间的流逝，顾客对品牌的印象会逐渐消退，我们的竞争品牌也会极力让顾客更难想起我们，所以，持续不断地营销曝光、触达顾客至关重要。与其说品牌在做营销曝光，不如说是在持续不断地与顾客的记忆产生更多的、更新鲜的链接，从而让顾客在购买场景中能够自然想到品牌。

这里，有两个关键点：更多的记忆联想、更新鲜的记忆联想。

首先，必须建构品牌独特性资产，让顾客能够更容易地辨识品牌，只有先辨识，才可能有印象。

其次，必须找到现有的顾客品类记忆切入点，并加以维护。

最后，必须不断建构新的切入点。

现实中，品牌通过多种不同的途径进入我们的日常生活，比如广告曝光、渠道曝光、公关活动、产品使用、口碑推荐等，每一次触达顾客，都有可能更新顾客已有的品牌记忆，甚至创建一个新的记忆，品牌也是依靠多种途径影响顾客记忆。如果在这些触达顾客的途径中，能够很容易让顾客注意到品牌，或者传递的品牌信息相关性强，那么就有助于维持和增加品牌的心智显著性。

所以，品牌独特性资产就变得至关重要。如果没有这些独特的品牌资产，那么就会出现顾客难以消化一个品牌所想要传达的信息的现象。同样地，如果不好好对这些独特品牌资产加以利用，那么顾客很快就会将这些品牌信息抛诸脑后。独特而统一的品牌标识，可以建立起有效的记忆切入点，这是品牌运营与维护的重要工作，却也常常被忽视。

要注意，品牌独特性资产并非品牌差异化定位，这一点我们会在后续篇章详细讨论。

当建立品牌独特性资产之后，就需要在各种触达顾客的途径上，无论是营销大渗透，还是渠道大渗透，尽量建立顾客的品类记忆切入点链接。即使是大品牌，许多顾客对品牌的印象也很有限，也没有太多品牌关联记忆。所以，对于品牌人而言，必须要持续不断地做营销大渗透及渠道大渗透，传达独特而统一的品牌信息（其中最重要的就是品牌独特性资产）给顾客，不断地刷新顾客记忆，并维系好与顾客现有品类记忆切入点的联系。

然而，仅仅维护现有的少量切入点只能保证品牌不衰退，如果想要增长，还必须不断构建新的切入点。要区分每一次具体的营销执行目标与整个营销战略的目标，不然在单次营销执行中传递太多信息会使顾客感到困惑。每一次的具体执行，应该只传递清晰明确的单一信息，然而，想要构建和提升品牌的心智显著性，必须要在多次执行中传递不同的信息，以构建更广泛的品类记忆切入点。

了解完营销大渗透到底是如何提升心智显著性的背后原理后，我们可以进入到营销大渗透如何执行的讨论。

从公式而言，营销大渗透 = 营销规模（触达顾客的数量）× 营销效率（触达顾客的效率）。

首先，如何实现营销规模的增长？如何触达更多顾客？这里比较简单直白的答案是持续且普及性的营销曝光，涉及三个关键点：

（1）要有相对充足的营销预算与团队支持；

(2）要广撒网（广度上）；

(3）要持续（深度上）。

其次，在保证营销规模的基础上，要努力提升营销的效率。如何提升营销效率、更高效地触达用户？可以采用 DLCM 法则：

(1）建构"独特"（Distinctiveness）；

(2）创造"关联"（Linkage）；

(3）保持"统一"（Consistence）；

(4）把关"投放"（Media execution）。

总之，要促进品牌增长，必须提升渗透率，要提升渗透率，必须提升品牌在顾客心智中的显著性，这也就是营销大渗透的核心目标。而如何操作营销大渗透？可以从营销规模与营销效率两个指标入手，具体将会在后续篇章中详述。

渠道大渗透：建立购买便利性

品牌除了要重视营销大渗透之外，还要关注渠道大渗透。因为营销大渗透建立的是品牌在顾客心智中的显著性，但仅有营销，没有渠道大渗透，顾客很难购买到，则很难达成品牌增长。本质上，渠道大渗透也是触达顾客的一种方式——通过实现市场全面覆盖，尽量触达更多的新顾客和轻度顾客，同时提升在渠道内的显著性，以便顾客能够找到我们，并且选择购买我们的品牌。这也就是渠道大渗透的目的：建立顾客在渠道的购买便利性，让顾客不仅想得起，也要买得到。

与营销大渗透类似，可以将渠道大渗透的基本公式总结如下：渠道大渗透 = 渠道规模（触达顾客的渠道数量）× 渠道效率（触达顾客的效率）。

其中，渠道规模其实关注的是顾客层面的曝光度，而不仅仅是品牌进入渠道的数量。现实中许多品牌会发现，即便自己号称进入了某些新渠道，但其实并没有在这个渠道中得到充分曝光，顾客依然还是看不到也找不到自己的品牌。而渠道效率关注的也是在购物场景中，顾客到底能不能迅速地关注并购买到我们的品牌。这就涉及品牌在渠道内的陈列位置、陈列方式、价格促销，以及其他店内公关活动等。

实战中，许多品牌的初期增长是靠渠道大渗透，而非营销大渗透，因为渠道大渗透往往是可以通过最直接的分销完成。品牌通过快速分销在渠道内触达顾客，让顾客在购买场景中直接认知品牌，在"最后一公里"拦截顾客，从而达成品牌的初期增长。譬如早期许多线下国货消费品牌，就是通过在超市等购买场景中直接通过销售顾问来拦截顾客，而早期在淘宝渠道上增长起来的"淘品牌"们也基本是通过淘内渠道的流量运营在"最后一公里"拦截顾客。

但问题在于，仅靠渠道分销并不能支撑品牌持久增长，因为分销更多是发生在品牌与分销商之间的压货行为，而尚未验证在顾客端的品牌接受度。同时，顾客消费也并非仅仅只考虑渠道便利性，顾客在进店之前往往在心中已经有了品牌选择。所以这就是为什么营销大渗透和渠道大渗透缺一不可的本质原因——顾客需要既想得起，也买得到。

渠道大渗透在实战中，还会涉及许多问题，譬如：单一渠道和多渠道的战略选择，电商渠道如何进行大渗透？不同渠道之间的冲突如何解决？新品牌应该选择营销大渗透为先，还是渠道大渗透为先？这些实战中的问题将会在后续篇章进行详细讨论。总之，品牌必须要同时重视营销大渗透和渠道大渗透，二者缺一不可，让顾客既能够想得起，也能够便利地买得到，才能真正地提升品牌在顾客群中的渗透率，进而促进品牌增长。

大渗透：不要为品牌增长设限

许多品牌都会担忧一个问题：因为顾客群是细分的一群人，品牌增长会不会有渗透上限？是否到某个阶段，品牌市场部会没有发挥的空间？

正如之前所说，现实中不存在所谓的小众细分市场的特殊顾客，我们的顾客群和竞品的顾客群其实大同小异，相互重合，而且没有所谓的忠诚顾客。所以，我们总是有可能争抢到竞争对手的顾客，从而获得不断增长，而非仅仅局限在某个细分的定位市场发展。同理，竞争对手也一样，他们也可以不断地争抢我们的顾客。从这个角度看，品牌的操盘手和相关部门，比如市场部、销售部等，就不可能做到一劳永逸，而必须保持警惕，以防竞争对手争抢走更多的顾客，同时我们也有无限的市场空间可以挖掘。

在现实中，除了细分市场定位这个理由外，还有哪些常见的理由，让大家为品牌增长设限呢？比如，某个品牌价格太高，不够亲民，所以无法增长。品牌创始人和操盘手会想当然地认为，高价产品对比大众产品对于顾客而言门槛高，所以品牌增长会因为高价而受限。但其实顾客是在购买各种价位的品牌，同时价格对于新顾客而言并没有明确的"高与低"的分别，只有老顾客才会对品牌价位有一定的心理锚定效应。顾客感知品牌的价格，是通过价值对比价格而言，而非单纯对比价格。

这也是奢侈品与高端品牌能够获得增长的原因，顾客不会因为奢侈品价高而不购买它们，恰恰相反，顾客认为奢侈品的高价格对应它们所提供的价值是比较合理的。所以价格不应该成为品牌增长受限的理由，品牌应该检查自己在顾客群中的心智显著性、购买便利性——顾客能不能想起并便利地购买到我们的品牌。

再比如，部分品牌创始人和操盘手会以下面的理由解释品牌无法增长的原因——品牌只适合某个渠道，所以无法增长。从理论上讲，有限的渠道确实会影响顾客的购买便利性。但其实渠道受限并非不可改变，也往往不存在只适合某个渠道的品牌。我们应该检查自己的渠道能力，是否是渠道开拓能力有限或者某些渠道条款受限，导致品牌增长受限。

总之，唯有增长，方能生存。增长是品牌持续存在的基础。作为品牌创始人和操盘手，应该围绕心智显著性、购买便利性这两个关键要素检查阻碍品牌增长的障碍，然后想办法克服这些障碍，而非提前为自己设限，否则我们就会主动收缩品牌增长的空间，错过品牌增长的机遇。

小　结

从长远来看，品牌之间竞争的本质就是大渗透的竞争，通过营销大渗透增强顾客的心智显著性，通过渠道大渗透让顾客可以"触手可及"地购买到商品。总之，只有做到大渗透，产品创新才会更有效。

这一章，我们从顾客认知层面探讨了顾客是如何做出购买决策的。同时，详细分析了营销大渗透和渠道大渗透对顾客心智显著性以及购买便利性的作用，并建议品牌人要构建以大渗透为核心目标的营销策略与渠道策略。在后面的篇章中，我们将会详细探讨营销大渗透与渠道大渗透。

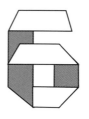

第六章

营销大渗透：品牌大渗透的方式之一

营销大渗透就是要触达更多真实顾客

"触达"是近几年非常火爆的一个网络词语（是指通过某种渠道找到品牌用户），并从互联网行业开始延伸到各个行业。但其实，市场份额领先的成功品牌，早就在日复一日持久且专注地做这件事。许多大品牌都会邀请市场调研公司来做市场研究，其中就会涉及"触达"这个专业术语，比如"60%，1+ 触达"指的是在某个特定时间段以及某个特定地域范围内，某个特定人群中的 60% 至少看到了一次或多次品牌广告。可见，触达更多的真实顾客，是提升品牌心智显著性的关键和前提。

在实战中，品牌可以通过营销大渗透来触达顾客。在这里，主要强调以下三点：

第一，必须建立以触达为核心的营销策略（包括渠道策略）；

第二，必须触达真实顾客，而非"水军"；

第三，必须尽可能多地触达轻度顾客，而非总是限制于老顾客。

触达顾客非常重要。品牌只有触达顾客，才可能影响到他们。理论上，品牌可以通过"低触达、高转化"来达成销量目标，比如品牌虽然只触达了 10% 的顾客群，但转化率很高，也是可以带来品牌增长的。但现实中这是很难实现的，随着触达率的降低，转化率的提升要求会越来越高。

品牌创始人和操盘手都知道，想要增加触达率，还可以只靠增加媒体覆盖就可以达成；但想要提升转化率，就不仅仅是覆盖的问题，还必须要付出更多、更复杂的努力，比如提升品牌整体吸引力、提升产品吸引力、优化客户服务质量、降低价格等等。所以，现实中几乎不可能实现"低触达、高转化"，即便有个例也很难复制。这就和品牌到底是要聚焦在提升顾客忠诚度，还是扩大顾客渗透率的争论一样，显而易见，扩大顾客渗透率更为重要。

道理虽然显而易见，但现实操作中品牌人总要把一些想当然的想法，比如精准、细分、差异化等，融入品牌营销中，而忽略了最本质的目标——触达更多顾客。在这点上，品牌人容易陷于以下的误区。

第一，因为预算少而忽视触达更多客户。

无论预算多少，都不是我们放弃追求触达真实顾客的理由。预算少，就更不应该浪费，更应该想尽办法在预算允许的范围内最大限度地触达更多顾客。触达率过低，正是很多品牌增长缓慢的重要原因之一。现实中，有些品牌可能定位不错、产品质量很好，却因为触达率过低一直没有增长。品牌创始人和操盘手或者投资人并不知道，还在一味苛责品牌定位或是产品质量，其实根本没有搞清楚品牌增长的真相，浪费了宝贵的时间。

第二，执着于做有逻辑的事件营销。

随着数字营销的兴起，广告人以及品牌人大多都痴迷于完整的、有起承转合的、有逻辑的营销事件。他们常常将营销活动分为三个阶段：阶段一，悬疑营销，吸引顾客兴趣；阶段二，揭晓谜底，让顾客恍然大悟；阶段三，延续热度，让顾客掏出钱包。这样的"三段论"曾经在国内营销界流行了很多年，它满足了品牌人对于完美逻辑的期待——看啊，我的顾客在等着我揭晓谜底，在等着我的系列短视频，在等我给他们发福利；我必须要针对一群细分顾客群，分阶段曝光，才能打动顾客，从而提升顾客转化率。

事实上，传统的三段论，造成了大量的营销预算浪费和流量浪费，只满足了品牌方和广告方的自我满足和表功需求，但实际上对品牌增长而言，既错过了触达更多顾客的机会，也并没有带来更高的转化率。

如果我们知道触达的重要性，就不会这样操作，不会浪费预算，而是会在同样的预算范围内，尽可能地去大范围曝光和触达顾客，同时在每一次的触达中，尽可能一次性"把话说完"，促成转化。

第三，提供复杂的广告信息，让人一遍看不懂。

广告人往往会因为追求创意制造出复杂的创意，让顾客去猜测含义，以显示自己的创意水平，还自认为可以增加顾客吸引力。但其实顾客是很忙的，是不愿意花时间思考的，也不愿意接触复杂的信息，更何况是复杂的广告。如果可以一次让顾客看懂，为什么要分两次？本来一次广告触达就可以实现转化，为什么要花两次或三次触达？只有被多次触达的顾客最终带来两倍或三倍的转化效果，这种策略才是有意义的。在设计广告时应该让顾客一次看懂，实现转化。

第四，认为媒体投放必须对标竞品集中进行。

正如前文所论述的，可能90%的品牌都不知道自己的竞争对手到底是谁，以及竞争对手到底为什么增长。即便我们找到自己的竞争对手，盲目地关注、针对对手，也会让我们和竞争对手一起走向歧路，从而给第三个聪明的竞争对手留下成功空间。并且，短期内的媒体集中投放，可能会让品牌重复触达重度的媒体使用者。如果要用集中投放来触达更多的轻度顾客，相对成本会很高，会影响一年中其他时间的投放，可能让品牌在其他时间悄无声息。

所以，不要照搬竞品的集中投放模式，而应该策划持续性的媒体投放计划。也许确实会在竞品"狂轰滥炸"的时候丢失一些销量，但长期来看，获得的销量增长会更多。因为当竞争者变得无声无息的时候，你在持续发声，顾客就会流向你的品牌。

第五，过度追求精准和高转化。

传统营销理念中关于"精准"的过度追求，是最容易让品牌人误入歧途的。而关于高转化也同样是一种奢求。现实中，即便偶尔出现一个精准和高转化的案例，也很难被复制，反而会因为过于追求精准和高转化，让品牌错过了触达顾客的最佳时机，给竞争对手主动让出获胜的空间。有时候，过于追求精准，其实是用战术上的聪明去掩盖战略上的懒惰。

第六，认为渠道有限而忽视触达更多顾客。

和预算有限一样，这不应该成为我们不努力达成触达的理由。渠道有限才要努力在现有的渠道范围内触达更多顾客，而非只纠缠于忠诚老顾客。同时，应该积极地提升渠道渗透率。

有时候，不是我们无法提高渠道渗透率，而是我们主动放弃渗透到更多渠道的机会，可能是因为觉得自己的品牌和某个渠道的定位匹配而和其他渠道并不匹配。比如许多品牌会抗拒进入拼多多渠道，认为拼多多是一个相对低级的渠道，影响自己的品牌形象。但其实我们不了解自己的真实顾客到底是谁，也不了解顾客到底在哪些渠道购买，更不了品牌增长的本质真相。

总之，在预算和能力支持的范围内，尽量扩大渗透率，是品牌人最应该达成的目标。我们没有理由不采取以触达为目的的营销策略（以及渠道策略）。只有足够多地触达顾客，才有可能建立顾客认知中的品牌显著性。

正如前文所说，品牌在心智显著性上的竞争其实就是在竞争品类切入点的链接数量与质量。品类记忆切入点在潜移默化地引导顾客的思维方式，当顾客产生购买意愿时，品牌在顾客大脑中的显著性程度对顾客的购买选择起到了非常大的作用，在《非传统营销》一书中，品牌渗透对顾客心智显著性的影响提出了三个衡量指标。

指标一：认知市场份额——品牌所拥有的品类记忆切入点占整个品类记忆切入点的比例。它反映了品牌在整个品类认知中的相对竞争优势。

指标二：认知渗透率——将品牌与至少一个品类记忆切入点建立联系的顾客占该品类顾客的比例。这其实衡量的是品牌知名度，它计算了通过多种不同途径检索到品牌的可能性。品牌的认知渗透率越高，品类在顾客心智中的显著性越高。

指标三：认知网络规模——认知网络规模越大，品牌能被检索到的记忆切入点也就越多。这个指标可以用来评估品牌广告是否维持或建立品类记忆切入点网络。

这些衡量指标与双重危机定律类似，市场份额越大往往认知市场份额也相对较大，假如这两者之间存在比较大的差距，那么品牌可能存在一定的销售渠道或者营销上的问题，导致许多顾客虽然知道这个品牌，但不愿意购买或者无法购买。

另外，当我们衡量品牌的营销活动效果时，也可以用如下指标：是否有利于扩大品牌在顾客认知中的份额？是否能帮助品牌链接到新的品类记忆切入点？是否有利于品牌渗透到更多的顾客记忆结构中？

这三个衡量指标从一个全新的角度思考营销目标和策略，比我们用简单的"知名度""美誉度"来衡量更科学、更直达本质、更靠近顾客真相。

总之,要促进品牌增长必须提升渗透率,要提升渗透率必须提升品牌在顾客心智中的显著性,这也就是营销大渗透的核心目标。如何操作营销大渗透?可以从营销规模与营销效率两个指标入手。

营销大渗透的规模和效率

如前面所说，营销大渗透的规模往往取决于三点，除了持续投入之外，还需要在广度和深度上进行持续不断地营销曝光。那么，到底该如何执行呢？在回答这个问题之前，我们先要了解一个基本事实——营销大渗透的具体表现形式主要是广告。

无论是硬广还是软广（比如口碑），其实本质上都是广告。当然也存在顾客自发的"自来水"口碑内容被认为是"非广告内容"，但往往这些口碑内容并非真实的UGC（原创内容），可能是品牌方购买的"水军"营销；同时，即便是真实的原创口碑内容，与品牌方的广告投放规模相比也不是一个量级。在实践中，几乎不存在单纯以顾客原创口碑内容获得巨大增长的品牌。更常见的可能是品牌方购买90%的"水军"营销带动普罗大众产生10%的原创口碑内容。

那么，到底品牌应该如何投放广告？针对谁来投放，在哪里投放？在许多营销学著作与网络文章中，已经有大量战术层面的建议，比如如何做流量运营，如何选择媒介和网红达人等。这里就不再赘述战术层面的操作建议，仅列举实用且普及性的战略性建议。

第一，针对更有价值的受众：轻度顾客。

在前面的篇章，我们已经讨论了轻度顾客和非品牌顾客对品牌增长的重要性。无论我们采用哪一种营销方式和媒介都要将自己的战略对象瞄准轻度顾客。这里面其实包含两层含义：一层是已经是品类顾客，但不一定是品牌忠诚顾客的轻度顾客；另一层是非品类顾客，尚未进入这个品类的新顾客。

在实操层面，后者对于品牌的增长贡献，甚至对于整个品类的贡献都是巨大的。

当一个品类增长时，任何新涌入的品类顾客都为品类当中的所有品牌带来增长机会。由于新的品类顾客对品类和品类品牌知之甚少，让他们建立心智显著性的难度就较小，也就是说，品牌更容易在这些人心中建立深刻印象。所以任何品牌的目标应该是广泛触达这些新的品类顾客。

这也是2018—2019年期间，电子烟市场和彩妆市场蓬勃发展的根源，大量的非品类用户涌入，整个品类的顾客群规模在扩张，整个品类的渗透率在增长，从而带动整个行业的品牌增长，这与品牌人经常挂在这嘴边的"风口"概念类似（表6-1）。在一个快速增长的品类中，假如有些品牌没有增长甚至倒退，那就需要好好审视自己是否做得太差，以至于连行业红利都没有抓住。

表6-1　中国市场彩妆品类渗透率

时间	2017年	2018年	2019年
渗透率/%	41	43	45

注：数据来源于凯度消费指数，全国个人美妆样组。

第二，尽量选择渗透率较大的大众媒体。

品牌人在选择媒体时，经常会陷入纠结：一笔营销预算到底是投放在大众媒体上还是小众媒体上？为什么会有这种纠结？原因一，源于品牌人对于精准和转化率的天然痴迷，从经验和感性上分析，好像小众媒体会更为精准且能够带来更高的转化率；原因二，小众媒体更好控制和操作，而大众媒体往往让许多品牌人觉得不可控、充满不确定性，以及竞争过于激烈。

其实要回答媒体选择的问题，还是要回到顾客的本质层面，毕竟媒体选择是应该以顾客为中心的。诚如我们已经反复阐释的，品牌应该瞄准更大规模的轻度顾客来进行广告投放。那么在哪儿能找到尽量多的轻度顾客？答案显而易见，大众媒体相对于小众媒体拥有更多的观众，也就是品牌想要瞄准的大量轻度顾客。这是因为不论是跨平台还是平台内的媒介行为，媒体世界也存在双重危机规律。这意味着媒体投放的频率和持续时间，与观众数量（渗透率）直接相关。或者更简单地说，吸引更多观众的媒体带来的顾客会更多，并且持续关注的时间也更长。而小众媒体吸引的往往是这些媒体的重度顾客，同时这些顾客本身也使用大众媒体。

所以，明智的选择应该是，在预算能支持的范畴内，尽量选择触达率更高的大众媒体，而非在小众媒体进行密集投放。

现实中，当然也有部分品牌依靠所谓的小众媒体获得迅猛增长，比如2016—2018年期间不少消费品品牌依靠小红书的口碑营销迅速崛起。但问题是，我们脑海中以为的小众媒体其实并不小众，小红书已经是覆盖上亿用户的大众媒体。只是因为有的品牌人可能自己不用小红书，或者自以为小红书不够大众。很多时候，品牌人经常会出现这种认知偏差，从而引起品牌操盘的战略失误。而且，现实中，这些我们以为是靠小红书起步的新锐品牌，其实他们大部分的流量并不是来源于小红书，而来自更大渗透率的其他媒介方式，只是因为我们作为内行人更喜欢关注小红书这类新兴的媒体平台，所以错以为是在小红书投放带来了品牌快速增长。

第三，在销售的地方做营销。

史玉柱曾经在《我的营销心得》中提到自己的一次失误，在新品还未分销到某个区域时，就已经在该区域密集投放了广告，结果顾客看到广告却买不到产品，导致大量营销费用被浪费。

营销的目的在于建立品牌的心智显著性，说服顾客情感上接受品牌。一旦心智显著性建立起来了，较高的购买便利性会让顾客更容易被说服，从而产生购买行为。如果购买便利性较弱，即使营销完美触达了，多数顾客也不会购买。这也是许多品牌选择进行区域营销的初衷，产品分销到某个区域，就在该区域进行营销。

在顾客能买到产品的地方做广告看起来就是一个常识。但这个常识在现实中可能因为各种各样的原因，经常会被忽略，比如市场部已经购买了新品上市的媒体投放，但销售部尚未将新品摆放在货架上。笔者曾经所在的国际品牌就发生过类似事情，当新品广告已经在全国开始投放时，新品却还没有被摆上全国货架售卖。很多品牌同仁们会猜，是不是我们当年故意先做"预售"或者先去做营销口碑铺垫，等产品上市后就能够吸引顾客立即购买。这个理由当年我们内部也用过，但坦诚讲，这是一个非常书卷气的理由,实际结果显示,并没有看到广告后一直等待新品上架的顾客,顾客都是健忘的,看到广告可能立即想购买,如果购买不到马上又会转身购买其他竞争品牌的产品,顾客很少会因为"爱你的品牌"而"额外付出精力和时间去等待产品上市"。所以,实际上,当时的大量新品广告是浪费的,这次新品上市以短暂性失败告终。

当下,电商在一定程度上便利了顾客购买,所以许多品牌投放广告时都会带上电商渠道的引导信息。但是要注意,电商渠道并非100%便利,除非顾客是精准搜索品牌独有的名字或者关键词,否则依然会出现无数竞争对手在"最后一公里"来干扰顾客的选择。

第四,选择媒体组合时要相辅相成,扩大触达。

当下是一个媒介资源丰富的时代,品牌不得不采用媒体组合去触达顾客。而如何选择媒体组合,许多广告人都会从创意的角度去思考,却忽略了媒体的本质是要实现触达,而非只是逻辑上契合创意。要围绕触达更多顾客,整合制定媒体组合策略。不要投放很多媒体,其实针对的还是同一群人,又再次陷入了"精准营销"的陷阱。

如上就是品牌创始人和操盘手在执行营销大渗透时,要注意的关键。同时为防止削弱营销大渗透的效果,要避免出现以下情况。

其一,品牌独特性资产不清晰,顾客辨识不出品牌。

如果顾客要费力才能识别品牌,大部分顾客会放弃购买,只有那些少量的重度顾客会选择购买,但这并不会帮助品牌进一步增长。

其二,不必要的重复,短时间内反复集中曝光。

品牌人比较喜欢事件营销,希望通过一段时间内的大量广告来让顾客一瞬间关注品牌。但现实中,大部分顾客的购买,其实并不一定是因为事件营销,而是根据自己的使用需求或者其他我们不知道的理由,也就是说,顾客购买不一定发生在广告投放期间。

很多时候,顾客会因为"狂轰滥炸"的广告在短时间内记住某品牌,甚至心生好感,但又会很快将它们抛之脑后。所以我们花费了大笔资金做的短期曝光,从长远来看,其实并没有太大效果,反而成本昂贵,投资回报率并不高。

其三，与顾客进行复杂的互动。

再次重申，顾客很忙，没时间和精力参与互动。即便是参与，也是尽量选择不会耽误时间的活动。高频率参加品牌互动的往往本身就是品牌的重度顾客，甚至是纯粹贪便宜的顾客，或者囤货的小零售商家。所以，许多品牌人钟爱的互动其实没有那么重要，也不能吸引来大量的轻度顾客，更不会带来品牌增长。盲目追求互动率，只会让品牌误入歧途。

总之，营销大渗透的核心目标是为了增加心智显著性，而核心策略就是触达。围绕触达更多轻度顾客和新顾客，选择增加触达率的媒体组合，进行有助于触达额外新顾客的营销活动才是营销大渗透的基本执行原则。至于战术上如何操作，可以根据实际情况进行灵活调整。

另外，营销大渗透的关键，除了规模之外，还有效率。在现实中，确实很少出现既有规模又高效的品牌，但这并不妨碍品牌人努力向这个目标靠近。如何提高营销大渗透的效率？主要采用前文已经提过的 DLCM 法则（见 76 页）。

第一，建构"独特"。筛选出合适的（高知名度潜力和高独特性潜力）品牌独特性资产。缺乏独特性资产会让顾客难以辨识品牌，影响营销投放的效率。比如曾经 OLAY 的广告因为与欧莱雅广告内容过于相似，而常常被顾客认为是欧莱雅品牌。

第二，创造"关联"。设计和创造能够承载独特性资产的营销素材，加固顾客认知中对于这些独特性资产和品牌名字的关联度，避免"烂广告"。

第三，保持"统一"。避免变来变去，尤其是独特性资产不要经常变。

第四，把关"投放"。把关投放的方式、频率、效果，避免"无效投放"。

具体到营销大渗透的主要表现形式广告上，要遵循以下基本原则。

原则一，广告要针对这一品类中所有顾客，而非特别细分的顾客。

原则二，要有清晰的品牌关联，建立起广告与品牌之间的联系，加深顾客认知。

原则三，投入持续且普及性的广告而非间歇性的广告，不要让你的品牌广告出现的时间间隔太长，因为顾客很容易忘记，他们往往会更喜欢经常看到的事物和品牌。

原则四，要不断地刷新和建立品类记忆结构，使得我们的品牌更容易被注意到和联想到。

原则五，如果一定要加入说服性信息，最好要理性结合感性，让说服性信息和情感诉求相结合，这比单纯的说服性信息更容易引起关注。

总之，无论我们选择什么样的营销媒介，原则都是相通的，都要注意自己的覆盖面、独特性、关联度，以及持续性。只有这样才能增进营销的效率，尽量减少预算的浪费。

品牌实战操盘手都期望同时做到营销渗透的规模与效率俱佳，或者至少在规模达不到的时候先做到高效率；或者因为效率高而能够刺激营销渗透的规模不断增加。

但现实中，往往会出现如下现象：新品牌在起步时，往往会在较长一段时间无法达到高效；很多新品牌或者成熟品牌即便有部分能够高效转化，但规模化不强；许多成熟品牌虽然规模很大，但效率较低，出现大量预算浪费的情况。为什么会出现这三种现象呢？

对于现象一，往往是因为还没有达到营销界值，渗透规模还不够，导致效率较低。正如我们之前已经了解到的顾客认知规律，顾客虽然是"花心"的，但如果许多顾客压根都不知道某个新品牌时是谈不上购买倾向的。尤其是许多新品牌在还不知道品牌增长的本质是大渗透时，往往会在一开始迷恋精准媒体或者特别细分的顾客群，导致人为地限制顾客覆盖数量，利用有限预算去反复触达一小群顾客，从而影响了效率。诚如我们已经知道的常识，越熟悉的品牌越容易让顾客想起来，越大众的品牌越容易在顾客心中建立起信任。但对于新品牌而言，很难在较短时间里获得广大顾客的信任。

对于现象二，往往是因为过度追求高效率，影响了规模化的速度。品牌营销的效率，并不一定只受到内部因素影响，其实也受到外部环境影响。比如许多品牌都会发现平时高效的投放方式，在"双11"期间都下降了，原因是"双11"的外部竞争激烈。其实，品牌营销真正可控的并非效率，而是规模。效率是可遇不可求的，但规模则是用更多预算和更符合规律的媒体组合达到的。现实中，往往中层的品牌经理更为追求效率，毕竟这是领导考核的KPI，但这会导致过于依赖数据导向、过于创意洁癖、过于追求精准而忽略现实，从而拖慢速度，反噬规模。

对于现象三，规模大但效率低的原因往往是品牌力不够，造成转化率较低。同时也有可能是营销内容本身有问题，比如缺乏独特性资产的曝光，影响了顾客对品牌的认知。除了品牌力不足，以及营销内容有问题之外，还有可能是因为广告投放本身并未触达更多顾客，而是反复投放在某一群顾客身上。所以，虽然看起来投放规模巨大，但实际上并没有触达更多顾客，也没有扩大渗透率，导致效率低下。

总之，理论上虽然可能同时做到规模和效率，但现实中，受限于品牌发展阶段、内部团队能力，以及外部环境等，往往很难实现规模和效率齐头并进。一般各个品牌都会根据自己的条件和当时环境，选择最适合自己的大渗透路径，有的会选择先从做大规模入手，有的则会选择先追求效率，但无论哪种路径，到了一定阶段，也都会殊途同归——追求规模的不得不开始重视效率；追求效率的不得不尽快复制成功模式，扩大规模。最后比拼的依然是营销大渗透的根本目标完成度——触达。

存在品牌的营销"界值"吗?

正如前面所论述的,营销大渗透的效果,往往要在达到一定"规模"的基础上,才会真正显现,品牌增长也往往是在达到某一个"界值"以上,才能达到指数级的增长。那么,这个"界值"到底是什么?如何指导品牌操盘实践?

第一,当品牌营销大渗透或者渠道大渗透到了某一个渗透临界点时,能够带来更大的投资回报率。但这个界值并非一成不变的定量数值,而更像是一个定性描述。在不同的时间段以及环境中,针对不同的品牌或者产品,界值的具体数值都可能是不一样的。比如,针对手机产品,2019年5月的营销大渗透界值和2021年5月的界值就不太相同。这是因为相隔两年,营销媒介的变化与竞争对手的变化,配合顾客媒介习惯的变化,导致界值门槛在不断提升。2019年投放1000万元就能到达界值,而在2021年却必须翻倍甚至三倍。又比如美妆行业,2015年投放微信公众号和KOL(关键意见领袖)的界值,显然和现在不同。2016年投放小红书的界值,显然现在也不适用了。在2021年想要达到与过去相同的效率,必须要投放更多的预算,运用更多的媒体组合方式,同时运营也要更加复杂。

第二,不仅外部环境会影响界值变化,不同品牌也对投资回报率有不同要求,导致对界值定义也不太相同。比如某些品牌的产品成本比较低,相比那些产品成本高的竞争对手而言,可能对投资回报率的要求不高,相应对界值要求也不高。

第三,界值往往是由市场研究类部门测算的。在一些外企或者大型企业中,可能会设置一个部门叫作市场研究部,这个部门的主要工作之一就是研究"界值",比如营销转化的界值、渠道转化的界值。品牌内部认为,只要达到这个界值,就能达到所谓的"帕累托最优"。外企中，往往也是根据这些研究去做销量预测，也会用这些研究结果指导市场部和销售部的投放行为，以及财务部的预算管理。比如，研究结果显示如果投放达到某个数值才能产生1亿元的销售额，那么当年财务预算就会按照这个数值来暂定。为什么叫"暂定"？因为预算是随着营销和渠道的实际转化效果而不断调整的。

第四，界值虽然理论上是可以预测的，但现实中，是很难精确的，只能作为一个参考。因为环境永远在变，竞争对手也是无法提前预测的。比如许多突然火爆的短视频，其实在火爆之前是很难被精准预测的。即便是近些年最火热的主播李佳琦，也并未能精确预测到自己的"火爆界值"。现实中也许会有一些"以小博大"的案例，但这些往往是可遇不可求的，很难被大规模复制的，不具有普世价值。并且，这种表面看起来突然火爆的案例，背后往往有大量的前期积累与投入。

所以，还是要回到营销大渗透的本质目的——触达。基于品牌的资源条件，尽可能地促进大渗透。要了解界值的存在，但不要过于迷信界值，不要将目光仅仅聚焦在界值上，而要将精力放在触达更多顾客，做到预算内能够做到的大渗透，毕竟大渗透关心的不是多投入，而是真正触达真实顾客。

为什么营销很难评估但必须做?

在前面的篇章中,我们已经了解品牌营销的目标就是大渗透,即触达。那么该如何衡量触达的转化效果呢?现实中,往往很难在每周和每月的销售数字中看出来,即便有可以追踪到转化的工具,也很难精确地知道,到底是因为即时的营销刺激,还是过往的营销效果累积。是因为这条广告,还是因为其他执行。尤其是那些大品牌,往往都是组合式营销,很难分清楚到底是哪个起效果。正因为难以说清楚效果,所以市场部常常会被销售部或者其他部门质疑:为什么要不停地花钱做营销?

第一,顾客记忆是需要不断被更新和唤醒的。许多品牌人对于顾客有"不切实际"的幻想,认为顾客会对自己念念不忘。这其实是混淆了"知道"和"记得"的定义。顾客可能是知道或听过某个品牌的名字,但不一定会时刻记得。顾客每天被各种信息包围,总有竞争对手的广告不断地曝光和影响他们的记忆,并不存在大量念念不忘某个品牌的忠诚顾客。

第二,大部分营销广告的目的其实仅仅是为了保持市场份额。大多数情况下,广告其实是为了防止竞争对手抢夺我们的销量,当我们不投放而竞争对手投放时,顾客记忆就有可能被竞争对手唤醒,从而更容易选择竞争对手,要知道品牌之间的差异性对于顾客而言是非常小的。当一个品牌的销售数据保持平缓时,一般来说都有稳定的广告投放,才保持销量不下滑。

第三,大多数营销广告的效果,需要过一段时间后才能显现。虽然市场上总有一些人在鼓吹"即时效果",但现实中,能够达到即时效果的营销少之又少。大多数营销广告的效果,其实是在未来一段时间内分阶段呈现在销售数字中。这就是品牌同行们经常会提到的"种草期"和"收割期",在"种草期"投放广告,往往要到重点的促销节日才是能看到转化的"收割期"。据凯度消费指数对过去3年近100个快消品广告案例的分析,在短期内广告对销售的直接拉动作用平均为3.6%,最高值达到7.1%,同时广告对销售贡献与触达有正相关关系。

另一方面,广告结束后,对于销售的拉动作用就会显著下跌。因此,优秀的品牌会有一个长期的营销大渗透规划与合理的预期,保证消费者不会在一轮广告结束后长期看不到品牌的营销广告。而品牌通过持续"种草",除了带动短期销量外,更是为促销的"收割期"提供潜移默化的支持。

第四,营销广告往往具有很强的"近因效应"。顾客往往只有在自己想要购买某些品类时,才会表现出极大的兴趣,对广告更容易接受。而在平时,如果顾客没有准备购买,就会过滤大量的广告。这也说明,广告对于尚未准备购买的顾客而言几乎没有影响,但我们往往是很难准确预知顾客的购买意愿的,所以只有长期不间断地进行广告投放,才有可能触达更多的顾客,才有可能在顾客有购买兴趣的时候正好被顾客看到,才有可能唤醒顾客记忆并影响他们的购买。

第五,营销广告虽然很难评估,但往往会影响渠道的积极性。许多依赖于渠道商的品牌投放广告并不完全只是针对顾客,也有一部分原因是投放给经销商和零售商的合作伙伴看的,目的是为了增强渠道商的合作信心。如果品牌不投放广告,而竞争对手投放更多,则会让渠道商对我们的品牌失去信心,而更愿意投入精力去售卖竞争对手的产品,从而影响品牌的渠道大渗透效率。

总之,在现实中,往往越大的品牌,投放的营销广告越频繁,越坚持做营销大渗透,这也是为了防止品牌销量下滑,维持竞争优势。而不断衰落下滑的品牌,往往伴随着大渗透能力的下滑,很多下降的品牌大多是因为生意衰落下滑而停止了营销大渗透,期望集中精力先来解决内部矛盾,再去做对外的营销大渗透,结果反而给外部竞争对手留下发展空间,加速了品牌销量下滑。

营销"猛砸钱"为什么没有效果?

在品牌操盘实践中,很多品牌人认为只要有钱就可以实现渠道大渗透和营销大渗透,最终实现品牌增长。其实,这是对品牌大渗透增长理论的误解。理论上根本无法明确界定什么叫"有钱",在现实中投资上千万元去做大渗透的品牌很多,但快速且持续增长的品牌依然寥寥无几。为什么呢?这就要回到大渗透的核心——并非"猛砸钱",而是要做到最大限度的大渗透。无论大渗透方式是通过"猛砸钱""巧砸钱",还是"不砸钱",最重要的结果是一定要能促进渗透率的提升。很多"猛砸钱"的品牌依然做不到大渗透,主要是由下面几个原因导致的。

原因一,预算浪费。品牌的大笔预算资金被投放在非真实触达顾客的营销媒介与销售渠道上,而真实的顾客压根看不到或者买不到。譬如2015年以前,宝洁等外企习惯于用GPR(Gross Rating Point,毛评点)数据衡量电视广告的效果,导致媒介代理公司将大量广告投放在几乎无人观看的深夜,看起来数据可以追踪且成本很低,但真实效果堪忧。2015年以后宝洁调整了营销策略,将大量预算转移到数字化渠道、网络口碑渠道,从而增加了触达真实顾客的规模与效率——因为渗透率增加,所以让品牌实现了逆势增长。

又譬如,过去有诸多高端外资品牌想尝试建立自己的官方电商渠道,而选择不进入主流电商平台,结果大笔的渠道建设与运营费用被浪费。之后,越来越多的高端品牌以及奢侈品选择在天猫开设旗舰店,利用天猫渠道的高渗透势能,触达更多真实顾客,成为新的品牌增长点。

当然,更常见的一种预算浪费情况是,预算被消耗在公司内部或者与外部供应商

"寻租"上。大家要注意，即便我们了解很多理论，但现实毕竟是由人去实践的，品牌增长也是靠各个部门、各个品牌人去推动落地的，所以现实中，经常出现内部贪腐等严重浪费预算的情况。

原因二，缺乏品牌独特性资产的持续曝光。无论是营销大渗透还是渠道大渗透，前提之一都是需要品牌具有比较统一的独特性资产，如果顾客无法"记住"品牌，会很容易和竞争对手的品牌混淆。比如我们前面提到的OLAY广告，就经常被顾客误认为是欧莱雅的广告。什么叫品牌独特性资产？在《非传统营销》一书中，独特性资产是指除了品牌名字之外，能够辅助顾客分辨和记忆的其他品牌标识性的资产。请注意，分辨和记忆是品牌独特性的两大终极功能。品牌如果脱离了这两大功能，空谈创意都是浪费预算。

许多品牌都习惯在差异化定位上纠结，从而投入大量资金和精力去苦思冥想一个品牌的价值主张，创造出一大堆复杂的品牌营销素材，拼命想要感动顾客，但却忽略了最基础的品牌营销目标——让顾客辨识出你、记住你，比让顾客感动更重要。所以，独特性与差异化更重要。

再次重申，差异化更强求"有意义"的不同，而独特性则不强求"意义"。差异化是基于古典经济学理论假设——理性人假设，它认为顾客都是理性的，购买行为也是理性的选择。所以品牌必须要为自己苦思冥想出一个"非你不买"的顾客购买理由。然而现实中，"花心"才是顾客的天性。而独特性最核心的，并非一个复杂的购买理由，而是能够帮助顾客分辨和记忆的。所以，与其耗费精力琢磨"有意义"的差异化，不如放下执念，做好"不需要意义"的独特性。

原因三，缺乏持续性。很多品牌过度追求大事件曝光，因此投放大量预算去做"爆发性事件"，或者只在"双11"或"618"等重点节日档期做巨额投入，而忽略了平时持续的营销渗透与渠道渗透。这其实是违反顾客心智和记忆特点的，顾客不是根据一次性印象去选择品牌，而是需要不断被提醒，才会记得并且购买。

比如某个新锐生鲜超市，虽然在开张时，引起全城轰动，但如果缺乏持续性的曝光与渗透，许多顾客马上就会忘掉，还是会自然而然地去自己家旁边天天都能看到的华润万家、永辉超市等地方购买产品，或者直接上天猫或京东去网购。即便是可口可乐这样的全球大品牌，虽然已经家喻户晓，但依然在全球范围内常年不间断地进行营销大渗透和渠道大渗透。

请注意，这里提到的"持续性"强调的并非营销或者渠道方式，而是终极结果，必须要持续不断地渗透到顾客的心中，并能让顾客触手可及地购买到。所以，无论营销方式是采用大事件形式还是日常曝光形式，最终结果只要有助于渗透率的提升，就是有价值的。

原因四，产品品质堪忧。产品品质是国内品牌界比较容易忽略的一点。因为许多品牌确实可以靠传统的大分销、大广告的渗透模式，同时借助中国巨大的人口红利与市场差异性，实现迅速增长。靠抄袭模仿，压低产品成本，就能实现增长，为什么还非要迎难而上做好产品呢？但随着互联网口碑越发透明化，以及竞争白热化，品牌再也无法忽略产品品质。就像之前的格力与奥克斯之战，警醒了诸多同行——品质不够硬，就是在给竞争对手的品牌增长做公益。

总之，"一招鲜"的时代早已过去，新时代的顾客是挑剔的，靠"糊弄"忽悠普罗大众的时代已一去不复返了。

关于口碑营销的"神话"

近年来,随着微信公众号、小红书、微博、抖音、快手、B站等平台的发展,口碑营销越来越被品牌人追捧为"品效合一"的营销利器。许多品牌,比如2015—2021年之间一波又一波的新锐消费品品牌都被认为是通过口碑"种草"而驱动的增长。

从整个全球范围来看,口碑营销伴随着社交媒体的兴起而流行起来,中国的口碑"种草"其实比全球其他国家更为先进,不仅因为中国的媒介传播方式更多,而且内容更为丰富。口碑"种草"在过去4年中,一直被大力追捧,但其实到底有多少品牌,是真正依靠口碑"种草"快速且持续增长的?是否品牌要把所有营销资源都放在口碑"种草"上?

这里我们首先探讨一下,口碑营销为什么这么受欢迎?毋庸置疑,它被认为是品效合一的利器。每一条口碑推广内容,都是直接"种草"、直接带货,也都会被直接计入转化率。

广告公司的同仁们经常会宣传一个相似的美好神话故事:"某个品牌完全就是依靠一个朋友圈的广告,或者小红书的帖子,或者一个抖音视频突然爆红,从而实现了从0到1的快速增长,甚至成为某个品类的领导品牌。某某品牌创始人和操盘手也因为这个案例获得全球奖项!"这个神话故事,让不少同行追捧口碑营销,要求自己的广告公司也必须要做到高效率的口碑转化。

其次,我们必须要了解,口碑营销是如何操作的,以及它的KPI是什么。某种程度上,口碑营销是最靠近"增长KPI"的方式,但问题在于,盲目追捧口碑营销,一股脑地将所有营销预算都放在口碑营销上,会让品牌人只追求投资回报率,而忽略营销大渗透的核心目标是触达更广泛的顾客群体，毕竟口碑营销并不一定都能达到效果，不同品牌、不同预算规模、不同时间，都可能带来无法预测的结果。同时，口碑营销执行烦琐，会消耗品牌人极大的注意力，让品牌人日日纠结于细枝末节的执行，而无暇顾及品牌营销大渗透的其他重要方面，最终导致无法有效地分配预算资源。

再次，我们要知道口碑营销的触达面是否如我们所期待的。口碑营销被品牌人追捧的核心原因是品效合一，但效率并不等于规模。口碑营销是否能够如我们所期望的，触达到更广泛顾客群体，触达面是否足够广，这个还有待考察。如果触达面并没有那么广，同样的50万元预算用来买一个KOL口碑和用来投放媒体广告，可能效果差不多，甚至后者更好。另外，影响口碑营销的还有一个不可控的要素——媒体限流。让许多品牌头疼的是，为什么小红书、微博、抖音等大众化口碑平台会限流，为什么自己的投放就是搜索不到，而竞争对手的则可以。媒体限流的规则又往往不为外人所知，是类似黑匣子的操作方式，这限制了口碑营销的触达面。

最后，过犹不及的正面口碑很可能会转为负面的。口碑有正面的也有负面的，负面口碑是每个营销人的"噩梦"。往往许多看似正面的口碑，一不小心，就会转变为负面的，舆论传播的世界里，风向是极容易变化和难以捕捉的。这些负面口碑一旦处理不好，就会给品牌造成不小的影响。所以一味地相信口碑，而不去预防口碑变化，也是品牌潜在的危险。

总之，作为品牌创始人和操盘手，不要过于依赖口碑"种草"这个单一的营销方式，而要将口碑营销作为品牌的整体营销大渗透策略之一，搭配其他能够促进触达的营销方式，共同增强品牌大渗透的效果。

在实际操盘中，要注意口碑的本质并不是讲道理，而是聊天，这一点至关重要。许多品牌人在制定口碑营销规划的时候，习惯于做出非常详细的、符合策略的内容，但其实这些内容可能过于生硬，侧重于讲道理，根本不符合顾客的真实口碑场景。对于顾客而言，口碑与日常聊天一样，并没有那么多的思考，不会考虑品牌曝光的次数、曝光的形式，或者曝光的正确姿势。

口碑之所以能被分享和传播，源于它并非品牌自上而下灌输的广告，它自带故事性，自带"谈资"，有助于人们愉快地聊天。这就意味着，一个可聊的故事对品牌来说格外宝贵，它可以在不明确对方是否关心某个品类或品牌的情况下被分享。如果没有可以分享的故事，传播者很可能需要等待一个外部的动力然后才会进行口碑分享，比如有人在谈话中暗示自己正在关注该品类，或者有人直接向他们寻求意见。有趣的故事可以让口碑传播绕过这些聊天上的惯例。

所以，品牌人真正需要做的并非自上而下灌输道理，灌输自己的想法，而是要顺势而为，创造一个顾客喜欢的故事，让这个故事能够在顾客对话中被分享。同时一定要重视顾客体验，只有亲身经历过，人们才能讲出动人的故事。当人们体验过某品牌，才会给出口碑评价。这也正是前文提到的"行为决定态度"的顾客规律。

另外，顾客迟早会对老故事厌烦，没有人喜欢一成不变的聊天。那么如何保持品牌在顾客口碑中的新鲜度呢？这就需要不断提供新的故事给大家，从而不断地进行新的口碑传播。不要妄想一条口碑火爆之后，就可以一劳永逸。请记住，我们在前文已经反复提到的顾客真相——顾客都是"花心"而健忘的。想要占领顾客心智，必须不断地更新顾客的记忆，不断地与顾客记忆产生链接，不断地提供新的口碑故事给顾客来分享和传播。

总之，口碑营销只是营销大渗透的方式之一，它的核心目的依然是大渗透，触达和影响更多的顾客。

没有品牌不喜欢正面口碑，期望正面口碑能够影响到更多顾客。其实一般正面口碑更多的是影响已经购买过的顾客。但我们知道，只有吸引更多的新顾客、轻度顾客，才能刺激品牌增长。所以我们要尽量让正面口碑不局限于老顾客，要去触达和影响新顾客和轻度顾客。

与正面口碑相反，没有品牌喜欢负面口碑。但负面口碑到底对品牌有多大影响？到底会影响到哪一群顾客？经过观察发现，大部分的负面口碑没有我们想象中那么凶猛，一方面是因为负面口碑很难触达所有顾客群体，另一方面负面口碑也会迅速被顾客抛之脑后。同时，现实中，我们往往很难改变已经造成负面影响，只能通过更多的正面口碑去"稀释"所谓的负面影响，并触达比负面影响更广泛的顾客群体。

不应该过于依赖口碑营销的另一个原因是现实中不存在"纯天然、纯自发"的口碑营销，而更多的是由品牌主动投放的所谓口碑，其实也是另外一种形式的"广告"。2020年起，不少新锐品牌靠线上口碑的营销大渗透方式获得了迅猛增长，但这些线上口碑，绝大多数都是品牌方主动投放的，而非达人或者主播自发主动去推广的天然口碑。

总之，口碑营销其实也是一种营销大渗透的方式之一。评价口碑营销效果的KPI也一样是大渗透水平，只有真正有助于触达真实顾客，有助于提升品牌渗透率的口碑营销，才是有效的口碑营销。

不要过于痴迷"情感营销"

情感营销是品牌营销中最为声势浩大的一股营销势力。当我们谈起产品时往往没有激情；但当我们谈起情感时就会激情澎湃。但情感营销对品牌增长的效果到底怎么样？顾客会因为我们的情感营销而觉得我们与众不同，甚至购买吗？

过去几十年，"情感链接"这个概念被包装成了许多其他名称，比如品牌忠爱度、品牌态度、品牌关系、品牌参与度、挚爱品牌等等，都是类似的意思。顾客确实有可能对品牌产生感情，但通常情况下这种情感并不如预期的那样强烈。大部分轻度顾客对于品牌的认知也是轻度的。而品牌增长是由于吸引到大量的轻度顾客，而非忠诚老顾客。所以过度放大顾客对于品牌的情感链接，容易引发如下问题。

问题一：认为每个顾客对品牌都有明确的态度。

品牌同仁们往往会夸大品牌态度的作用——认为顾客对品牌有一定明确的态度。事实上，大多数顾客并不了解品牌，也认识不到品牌的差异化，对品牌的态度更无从谈起。

往往只是因为在购买场景中恰好某个品牌比较引人注意，并且有一定促销信息，顾客便选择了购买。

即便有人对某些品牌有一定的忠爱度，比如排队去买限量版品牌的粉丝，但这些忠诚粉丝并非是这个品牌增长的主要贡献者，品牌增长还是要依靠大部分"无所谓"的轻度顾客。所以，对于品牌而言，与其耗费精力去争取更多的顾客忠诚度，不如努力去促进品牌在顾客认知中的显著性，让顾客能够辨识自己、记住自己，并且能够在购物场景中买到。

问题二：认为顾客不购买我们的品牌就是不喜欢品牌。

大多数顾客其实对于品牌是"不知道"或者"无所谓"的态度，而没有明确的喜好。顾客不购买我们的品牌，可能只是因为不知道，或者买不到，或者想不起来，并不是因为不喜欢。在FGD（Focus Group Discussion，消费者焦点访谈）调研中，我们经常会遇到不认识品牌，只是因为领取了调研访谈费用而不得不"抓耳挠腮"在现场编造购买理由的被访者，他们其实并不了解品牌，对品牌的态度也是模棱两可的，甚至毫不在意的。其实他们也就是我们品牌主流顾客群（也就是轻度顾客群）的典型代表，大部分轻度顾客其实并不清楚品牌的差异化卖点，更谈不上喜不喜欢。

相对于小品牌而言，顾客往往对大品牌的态度更为积极，这仅仅是因为大品牌相对小品牌本身就有较高的知名度与影响力，使得顾客更为熟悉，但这也不至于让顾客显示出强烈的喜好或者厌恶。总之，无论是大品牌还是小品牌，都没有足够的实证案例证明，是因为小部分忠爱某品牌的狂热者促成了品牌的快速增长。

所以，在品牌营销大渗透的执行中，要避免一切使我们偏离大渗透目标的操作，情感链接虽然很容易吸引营销人员的眼光，但需要谨慎使用情感营销，不要过于依赖情感营销，不要妄想通过品牌忠爱者来实现增长，还是要踏踏实实地触达更多轻度顾客和新顾客，这才是品牌人的第一要务。

2016年以前品牌界还比较痴迷于情感营销，尤其是大型外资品牌还是习惯每年创造三四次大型事件营销来宣传品牌情感价值。但2016年以后伴随着新锐品牌的增长，情感营销越来越弱化，口碑"种草"、品效合一的日常营销越发受到品牌的青睐。2020—2021年许多新锐品牌都是依赖于第三方"种草"投放、直播、信息流投放等日常营销的方式获取了快速增长，而非一次又一次的大型情感事件营销。因为这些新锐品牌创始人大部分也都经历过以往时代中过于浪费预算和无效的情感营销，所以在自己品牌的营销大渗透中，果断放弃了实际转化效果不佳的情感营销。

小　结

　　本章详细解读了如何进行营销大渗透，以及围绕营销大渗透有哪些争议。首先，必须要了解，营销大渗透的目标就是触达，必须要建立以"触达"为核心的营销策略。其次，要明白营销大渗透其实由两个层面组成：规模与效率。营销大渗透的规模往往取决于三点，除了充足的营销预算与团队支持之外，还需要在广度和深度上进行持续不断地营销曝光。而营销大渗透的效率，往往要在到达一定"规模界值"的基础上才会真正起效，品牌增长也往往是在达到某一个界值的基础上才能实现指数级的增长。

　　理论上虽然可能同时做到"规模"和"效率"，但现实中受限于品牌发展阶段、内部团队能力以及外部环境等，往往很难实现规模和效率齐头并进。一般来说，各个品牌都会根据自己的资源和当时环境，选择最适合自己的大渗透路径，有的会选择先从做大规模入手，有的则会选择先追求效率，但无论哪种方式，到了一定阶段都会殊途同归——追求规模的，不得不开始重视效率；追求效率的，不得不尽快复制成功模式，扩大规模。最后，比拼的依然是营销大渗透的根本目标——触达。在下一章将会继续解读渠道大渗透。

第七章

渠道大渗透:品牌大渗透的方式之二

渠道大渗透就是增强购买便利性

品牌必须通过营销大渗透来提升顾客心智显著性,通过渠道大渗透来提升购买便利性,才能影响顾客的购买选择,最终达成品牌增长的目的。但对于很多品牌同仁而言,对于渠道的认知是相对模糊的,原因可能在于自己本身的工作KPI中不包括销量,以及搞不清楚品牌增长的本质,也触摸不到真正有效的品牌增长路径,更不了解渠道大渗透对于品牌增长的关键作用。其实,对于新品牌而言,渠道大渗透可能比营销大渗透更为有效。

与营销大渗透一样,渠道大渗透同样是一种触达顾客的方式,目的也同样是提升顾客心智显著性,也需要实现市场全面覆盖,尽量触达更多的新顾客和轻度顾客,同时提升在渠道内的显著性,以便顾客能够找到我们的品牌,并且选择购买。

在《非传统营销》中,作者指出渠道大渗透的水平可以用曝光度、相关度、显著度三个指标来衡量。它们也是衡量顾客购买便利性的关键指标,因此我们在制定渠道拓展和优化策略时,也应该从这三个角度出发去考量。

其实,渠道规模就是上面提到的曝光度,而渠道效率是相关度和显著度。成熟品牌往往会将渠道部门分为两个方面:渠道拓展与渠道服务。前者关注的是渠道开拓数量规模,后者关注的是如何优化渠道销售的效率,比如陈列位置、陈列方式、价格促销、店内公关活动等。

渠道曝光度,是购买便利性的基础,必须首先保证曝光度,在渠道中触达更多的顾客。在如今碎片化、多渠道的环境下,想要覆盖所有可能的渠道,对一般品牌而言是相当困难的。错误的决策会导致错过机会或是成本的提高,所以要做出关于渠道曝光的最佳决策。

渠道相关度，是许多品牌人比较在乎的一点，我们常常会期望能够进入和细分顾客群相匹配的渠道。但过于追求渠道相关度，反而会错失覆盖面更大的渠道，错失更多触达新顾客和轻度顾客的机会。所以，应合理地制定渠道相关度策略，筛选自己的渠道。

渠道显著度，是提高购买便利性的最后一步。品牌在渠道中只有曝光度，但没有显著度，顾客找不到，渠道的效果也会大打折扣，渠道的效率也会降低。

总之，曝光度、相关度、显著度这三个指标是衡量顾客购买便利性的关键指标，我们在制定渠道拓展和优化策略时，应该从这三个角度出发去考量。

当下，渠道本身也在越来越"营销化"，不同于以往渠道仅靠陈列和销售顾问的方式，如今的渠道采用更有创意、更利于顾客认知、更吸引眼球的销售方式，线上渠道更是必须有关于品牌和产品的精彩营销内容，以此来促进顾客的销售转化率。

除了渠道营销化的趋势外，当下渠道大渗透也面临挑战，这在后续篇章会深入讨论。其中，多元化是最明显的渠道挑战之一。顾客购买品牌并非在单一渠道，除了传统线下渠道，还有电商、代购，甚至包括微商、社交零售等平台。因此品牌不得不进驻到各个渠道以方便顾客购买。

但进驻多元化渠道对于品牌而言也是挑战。首先，有一定的成本压力，每进入一个新渠道都需要投入人力财力去维护；其次，不同渠道之间的利益冲突也常常困扰着品牌方；最后，对于国内品牌而言，电商渠道的流量红利消失殆尽，如何在渠道中争取曝光机会，也是一个巨大的挑战。

总之，品牌必须要靠渠道大渗透，来提升在渠道中的顾客购买便利性，从而拉动顾客购买，增加品牌在顾客群中的渗透率，进而促进品牌增长。

那么，渠道大渗透和营销大渗透的关系是什么？理论上，这两者是共同触达顾客的途径，共同建构顾客心智显著性和购买便利性的途径，而且两者是相互辅助、相互促进的。营销大渗透会在一定程度上促进渠道大渗透的效率，反之亦然。

但在现实中，往往这两者之间是不同部门在负责——市场部负责营销，销售部负责渠道，所以并一定是完全理想状态下的互相促进，有时也是冲突的关系。销售部会要求市场部多分配一些预算在渠道促销上，虽然能促进短期销售但也可能影响长期销售；而市场部因为不直接管理渠道，往往不太清楚渠道大渗透的关键策略，有可能会采取一些损害渠道大渗透效率的市场行为，比如频繁换包装，使用不恰当的品牌情感营销方式而错失了更直接有效的营销方式，频繁鼓励降价促销，或者完全不允许降价促销，等等。

还有一个现实中常常被忽略的重要事实——不管是成熟还是新兴市场，如果顾客在渠道中买不到品牌，就没办法产生销量转化。这个事实在电商不发达的区域表现得尤为明显。电商越是不发达，越是依赖于线下渠道的曝光与分销，假如没有足够广的渠道大渗透，那么品牌营销大渗透就算规模再大，也很难带动销量。所以，渠道大渗透的首要目标和营销大渗透一致——触达真实顾客，其次目标才是基于触达顾客的转化效果。

当下的多渠道平台，给予品牌更多的机会去触达顾客，尤其是电商渠道、社交零售渠道的兴起，让许多从0开始的小品牌也可以更便利地进驻和触达顾客。但进驻到更多的渠道也有可能是双刃剑，一方面，进驻更多渠道理论上能够更方便顾客选择；但另一方面，在现实中也存在许多问题，反而会影响触达顾客的效果。比如，进驻更多渠道会耗费更多成本和精力，分散式的多渠道运营反而可能会影响触达顾客的效果。进驻多渠道可能会引起渠道之间的利益冲突，价格之间很难保持统一，这也会对品牌销量产生影响。因此，品牌应该让每一处的曝光价值最大化，而非分散精力，让那些对顾客建立心智显著性和购买便利性的努力白费或者打折。如果品牌进驻的渠道有许多更加显著的竞争品牌，往往容易给顾客选择竞争对手留下空间。

所以，在制定渠道大渗透的策略时，不能仅仅以"分销数量／渠道规模"为目标，而应该以"触达"和建构"购买便利性"为核心目标。渠道数量多，分销范围广，不一定代表能够有效触达更多顾客，也不一定代表顾客的购买便利性更大。作为品牌的操盘手，必须要保证品牌在营销大渗透和渠道大渗透的每一处执行动作都带来尽可能多的曝光，尽可能多地触达轻度顾客和新顾客，尽可能提升顾客的购买便利性。

总之，品牌必须要靠渠道大渗透来提升渠道中的顾客购买便利性，从而拉动顾客购买，增加在顾客群中的渗透率，进而促进品牌增长。

渠道大渗透的规模和效率

如之前篇章所说,渠道便利性的前提是保证曝光度,在渠道中触达更多的顾客。触达顾客是营销大渗透和渠道大渗透的共同目的。那么,在碎片化、多渠道的环境下,如何有效提升渠道大渗透的规模呢?

第一,了解顾客的购买行为规律。顾客对于渠道也是"花心"的。顾客会去不同的零售店购物,他们很少会100%忠诚于某一个零售商、平台或商店。所以对于品牌而言,必须尽量覆盖品类顾客经常去的多个渠道,才能建立顾客购买便利性。中国市场上快消品购买者2018年一年内购买渠道数量分布如表7-1所示。

表7-1 中国市场上快消品购买者一年内购买渠道数量分布(2018年)

渠道种数/个	1	2	3	4	5	6	7	8	9	10及以上
消费者占比/%	1.8	5.4	8.4	10.4	11.7	12.0	11.2	10.6	9.5	21.0

注:数据来源于凯度消费者指数,全国家庭购买样本。

品牌要知道自己品类的顾客会在什么时候、什么渠道进行购买,然后尽可能地覆盖顾客光顾的购买场所,并在这些渠道投放广告,避免顾客想要购买时却找不到品牌的尴尬情况。如果顾客在购买场所找不到品牌,很有可能就转而选择其他品牌,而并不会因为忠诚某个品牌而放弃购买行为。所以,对于新品牌或者上新产品而言,尤其要注意提升顾客的购买便利性,而不只是将目光放在提升顾客心智显著性上,要使心智显著性与购买便利性相匹配,让顾客既能想得起品牌,也能便利地购买到品牌。

第二,拓展渠道时要注意优先次序。现实中,渠道也有双重危机规律。因为每一个渠道都有拓展成本与管理成本，毫无策略地盲目开拓渠道，既会浪费预算和精力，也会有极大的机会成本。同等时间和同等预算内，假如聚焦在一个渠道能够覆盖更多的顾客，而分散式的渠道开拓会影响渠道覆盖率。

另外，许多品牌在选择渠道时，会纠结是要进入客流量虽然小但更精准的渠道，还是要进入大主流渠道。比如，曾经的奢侈品品牌，并不愿意进入阿里电商，认为这个渠道与他们的格调不符，坚持要自己建立官方电商，认为这样更符合自己品牌的定位，结果后来纷纷宣告失败，转而重新进驻阿里电商。

为什么会失败？原因正在于"双重危机规律"。现实中，往往小渠道的顾客购买频次也会更低，也就是顾客的渗透率越低忠诚度也就相应越低。奢侈品官方电商属于典型的小渠道，他们的顾客渗透率与顾客回头率相对于大平台电商而言是非常低的。

所以，在同等预算和时间精力成本的基础上，品牌应该优先开拓渗透率较高的渠道，而非看似精准但顾客渗透率较低的渠道，这些低渗透率的渠道相比高渗率的渠道而言，其真正优势在于，品牌也许可以有更好的渠道陈列位置和更有利的交易条款。

第三，要触达所有品类顾客而非精准细分顾客。如同在之前篇章中反复讨论的，品牌不应该局限自己的顾客类型，认为市场上存在一群细分顾客因为喜欢品牌的差异化而忠诚于品牌。无论是营销大渗透还是渠道大渗透，品牌都要针对所有品类顾客，而非局限于某一类精准细分顾客。比如之前提到的奢侈品品牌，如果按照细分顾客定位的理论去考虑渠道，就会陷入一种错误认知：阿里电商不是高端顾客群体购买的场所，不符合奢侈品品牌的差异化定位，所以我们不应该选择这个渠道。这个认知本身是缺乏数据支持的，更多出于个人经验的偏见和猜测。许多品牌因为创始人或者内部团队对于某些渠道有偏见，而错失了在这些渠道拓展的机会。而与他们相对应的是竞争对手更加敏锐地开拓新渠道，积极拓展顾客的覆盖面，从而触达更多的真实顾客，并且伴随着渠道的发展而不断增长。

第四，进入新市场，要优先选择渗透率较高的渠道。从某种程度上讲，渠道也是一个品牌背书。对于进入新市场的品牌而言，如果能够进入渗透率较高的渠道，也可以传递品牌的正面形象，可以让新市场的顾客认识到这是一个相对正规的大品牌，所以才能够进入大渠道售卖。

总之，渠道大渗透的第一步是做大覆盖面，尽可能触达更大规模的真实顾客。在开拓渠道时，要有优先次序，优先选择渗透率较高的渠道，同时要触达所有顾客类型，而不应该局限于部分精准细分顾客。但仅仅只有规模还不够，还需要提升渠道大渗透的效率。那么，如何提升渠道大渗透的效率呢？

衡量渠道大渗透的效率，有两个关键指标——相关度和显著度。无论渠道进化到什么程度，无论有多少新兴渠道，对于渠道大渗透的基本运营法则是一直不变的。这里仅仅分享一些普适性的基本法则，而不会对每个渠道进行细分研究，因为渠道的具体战术打法总是会变的，但渠道战略和规律法则大同小异。

第一，如何制定合理的渠道相关度策略。一般品牌可能都会根据自己的顾客细分类型筛选渠道，其实正如之前所讨论的，这样只会局限自己的顾客覆盖面。品牌在制定渠道相关度策略时，应该从"购买场景"出发而非从"细分顾客"出发，应该去创造能够覆盖诸多购买场所的机会。尽可能覆盖所有相关的购买场所，并充分利用未来的品类市场增长空间，同时应当避免在小众市场过度投资。当一个品牌无法覆盖所有产品类别时，我们可以选择做新品牌。

但同时，渠道确实会对某些品类的产品有一定要求，比如不同渠道可能会对产品的规格和形式有不同要求，所以在我们制定渠道策略时，要充分考虑品类购买场景，设置思考自己的产品线。

第二，如何消除购买障碍，提高渠道效率。大型公司都会设置渠道市场部的职位，专门负责渠道中的顾客洞察，尤其是要解决"如何消除顾客在渠道中的购买障碍"。顾客购买障碍有以下几类：价格过高、规格不合适、支付方式不方便等。其实这些问题都是可以解决的，品牌可以通过提供不同规格、不同价位档次、不同支付方式的产品来解决。

第三，如何处理渠道冲突。渠道所带来的潜在问题也显而易见，不同渠道容易产生利益冲突，比如渠道之间进行恶性比价、恶性竞争等，这些都会影响渠道效率。实践中，许多品牌都是通过提供不同规格、不同包装形式的产品来解决问题，但依然无法彻底避免渠道冲突。对于品牌而言，想要从根本上解决渠道冲突，不能仅仅只靠渠道政策或者区隔化产品，还需要努力提升品牌力，从消费者端去反逼渠道方重视自己的品牌，在渠道谈判中争取更大的议价权，才能进行合理地全盘管控。

第四，如何提升渠道的显著度。如果只有曝光度，而缺乏显著度，那么效果也会大打折扣，渠道的效率也会降低。

我们常常会从品牌的角度出发去思考问题，低估顾客在购物中体验到的混乱程度。顾客可能注意不到品牌的差异化特色，在顾客眼中可能大多数品牌都是相似的，很难辨识出并买到自己想买的品牌。

在实践中，品牌往往会在渠道显著度上花许多心思，比如宝洁采用DSPM（销售四项基本原则）的渠道管理标准来提升渠道效率，DSPM四个字母分别代表品牌在渠道当中的分销（Distribution）、货架（Shelf）、价格（Price）、助销（Merchandising）。在这里我们必须要警惕，不要为了吸引眼球而做一些用力过猛的渠道活动，比如频繁换包装，做各种怪诞醒目的装饰，这样会伤害品牌的独特性资产，降低品牌的识别度。

第五，不要忽略了心智显著性的建立。心智显著性越高的品牌，在渠道中越容易被顾客辨识和选择。这也是许多品牌都会为渠道分销提前做广告推广的原因。

许多顾客在进店之前，已经有了自己的购买选择，尤其是电商渠道，顾客很可能会直接搜索想要的品牌，而非一页页去浏览和筛选。因此，想要扭转顾客已有的认知，比在顾客脑海中建立新认知、逆转顾客选择更为困难。

总之，无论是在哪类渠道，无论渠道方式进化到什么程度，关于渠道效率的提升法则，依然还是要聚焦在两个点——触达更多真实顾客，提高触达转化顾客的效率。

电商渠道如何进行大渗透

近 20 年来，电商平台发展迅猛，尤其是中国，电商发展的规模和速度远超全球其他国家，因此了解电商渠道的大渗透特点对于品牌而言至关重要。表面看来，电商好像是更为便利性的渠道，但实践中，电商渠道的大渗透规模和效率并不一定比传统渠道更高。在电商渠道，往往有如下几个问题困扰品牌。

第一，新品牌从 0 到 1 起步是否必须要选择电商。

无论进入哪个市场，品牌一定是基于自己的渠道目标来定策略，渠道大渗透的目的是触达更多真实顾客，并促进顾客购买转化。从这个目标出发，衡量电商渠道是否有助于实现目标，并综合考虑投入成本与预计收益，再做出合理的渠道选择。比如新品牌的目标是想要攻克区域性市场，而这个品牌的区域性市场以线下渠道为主，那么电商显然就不是最优先考虑的渠道。但在中国市场，电商渠道的渗透率极高，导致大部分新品牌起步时，不得不选择进入电商渠道，即使电商不一定是顾客的主流购买渠道，也可以让顾客在网络上进行店铺查询，成为品牌的重要口碑背书。

第二，电商渠道和传统渠道的优势与劣势。

显而易见，电商渠道比传统线下渠道更具有搜索便利性和口碑查询便利性。尤其在中国，由于快递极为发达，对于大部分品牌而言电商渠道比传统线下渠道具有更高的渠道覆盖率，在无法进行线下分销拓展的时候，电商渠道往往会帮助品牌进入那些无线下渠道的区域性市场。

同时，电商页面可以承载的营销性内容更多，线上客服也可以更为积极主动并同时应对诸多顾客询问，大大提升顾客的购买便利性。所以，电商渠道相对于传统线下渠道的最大优势在于促使口碑"种草"及时转化。假如没有电商渠道，线上"种草"营销会很难转化成购买行为。

相对于传统线下渠道，电商渠道的劣势在于缺乏实际体验以及顾客容易跳转。即便随着科技的发展使得电商能够应用VR/AR（虚拟现实／增强现实）等技术手段，也很难让顾客拥有和线下一样的购物体验。同时因为电商渠道并非一个相对封闭的购物渠道，所以顾客很容易就会被手机上突然跳出的信息或者周围环境影响而忘记购买或者拖延购买。

而且电商渠道在缺乏推广的情况下，比线下渠道可能更难以触达顾客，因为电商渠道更依赖于平台方流量推荐以及顾客主动搜索，在缺乏这两者的情况下，往往顾客很难想得起、买得到我们的品牌。而线下渠道顾客则是被动触达，商品直接出现在顾客眼前，并进入顾客心智当中。另外，电商渠道相对于传统渠道而言，还是有渗透率不足的问题。如果品牌要针对的是城镇与农村顾客，那么可能还是得借助传统渠道去触达这类顾客。

第三，成熟品牌如何合理进行电商大渗透。

成熟品牌往往已经具备了多渠道渗透能力，这时考验成熟品牌的并非电商渠道的铺货能力，而是大渗透的效率问题。已经具备了基础渗透规模，如何进一步扩大触达规模？如何提升自己品牌在电商渠道上的渗透效率？成熟品牌往往借助三个方式去促进电商渠道大渗透：其一，加大营销推广，从而刺激站外引流，以及换取电商平台的流量支持；其二，改善电商店铺装修与促销机制，提升进店后的转化率；其三，加强私域流量运营，促使更多店铺粉丝进入自己的私域流量，做好忠诚顾客计划。

但实践中，往往因为预算规模的限制，以及私域流量运营低效等原因，成熟品牌会热衷于自我改善，希望促成购买，提高转化率。但其实这样反而会耽误拉新，虽然看起来转化率在短时间内由于促销等机制而提升，但长期来看，拉新规模和效率的下降还是会影响品牌的整体增长。

第四，品牌应该如何面对"直播"这类新兴渠道。

近几年渠道也在发生变革，伴随着直播、社交电商、私域等新兴渠道的崛起，也诞生了非常多的新锐品牌。他们的增长速度远超过一般传统品牌，这正是这些新兴渠道本身的大渗透规模与效率所致，可能与品牌、产品本身的优劣并不相关。品牌在面对这些新兴渠道时，总是会遇到许多问题：到底何时才能进驻这些渠道？以什么方式利用这些渠道？这些新兴渠道会不会和传统电商渠道或者线下渠道有冲突？这些新兴渠道是否有助于建造品牌？等等。这些问题虽然各自有不同的答案，但归根结底，还是要回到大渗透的本质逻辑，所有有助于品牌增强渗透率，促进品牌增长的渠道，都是不容错过的，只是在实战中，需要注意时机、条件、资源，以及提前预备好价格冲突与产品冲突的战术性问题即可。

总之，无论是成熟品牌还是新品牌，都要将目光聚焦于拉新，而非其他。只有源源不断地拉新顾客，才有可能提高品牌渗透率，从而刺激品牌增长。总之，每个渠道都有利有弊，品牌渠道策略是否合理有效，最终要看它能否促进品牌渠道大渗透的规模与效率。

渠道大渗透的四个核心问题

随着渠道的不断进化,围绕品牌渠道大渗透的战略战术,在实战层面可能会经常遇到如下问题。

第一,渠道和营销的边界越来越模糊。随着数字化渠道的发展,渠道和营销的边界越来越难以区分,渠道越来越"营销化",而营销也越来越追求品效合一,越来越"渠道化"。渠道营销化和营销渠道化的这两种趋势无疑提高了品牌营销和渠道大渗透的效率。那么该如何利用这种趋势来促进品牌更快速地增长呢?

首先,还是要回归到品牌渗透的本质——触达。无论是线上还是线下渠道,都要在力所能及的范围内争取触达到更多品类顾客,而非仅仅追求通过某种创意营销吸引老顾客购买。其次,要尽量促成即时转化。不能只是在为做品牌营销而营销,而要尽量带动即时转化。但并非所有的营销都能精准带动高转化,关键在于营销组合在一段周期内能否带来符合预期的转化率。

第二,很多品牌不投广告仅凭渠道也能快速增长。在现实中经常会遇到有一些品牌基本不做营销大渗透,仅凭开拓渠道,也能快速增长,这背后的根本原因在于——渠道大渗透本质上也是一种触达用户的方式,在渠道中也同样可以进行营销渗透,比如在渠道中设置各种促销手段以及拉新的营销方式,都有助于触达和转化新顾客。

必须要注意的是仅靠渠道大渗透,是实现不了品牌持续增长的。当品牌增长到一定的阶段,就不得不开始重视营销大渗透。一方面,是因为顾客往往在进店之前就已经有品牌选择,这是营销大渗透产生的结果;另一方面,是因为渠道的零售商与分销商会要求品牌增加营销大渗透的投入来增加渠道的转化效率。所以在实践中,品牌从

0 到 1 地快速增长，有可能通过单纯的渠道大渗透达成目标，但如果想要实现持续的增长，必须要借助营销大渗透的作用。

第三，多渠道分销和单一渠道渗透的选择。伴随着渠道的不断发展，多元化渠道成为基本现实，但是品牌应该选择多渠道分销，还是单一渠道进行渗透，这取决于品牌的不同发展阶段。当品牌处于从 0 到 1 的起步阶段时其成本和精力有限，只能选择单一渠道进行渗透，而当品牌增长到一定阶段时，由于要触达更多的新顾客，往往单一渠道无法满足这一需求，就不得不开拓更多元化的渠道。品牌进入不同的渠道之后，必然会面临利益冲突的问题。渠道之间存在价格冲突与贸易条件的冲突，甚至还会有渠道之间串货的风险。所以往往品牌开始进行多元化渠道分销之后，就不得不重视管理多元化渠道，降低多元渠道所带来的冲突与风险。品牌往往会选择为不同的渠道匹配和开发不同的产品，来降低渠道利益冲突。

第四，是否应该"渠道下沉"。从 2018 年以来渠道下沉成为中国市场的一个流行词。为什么品牌需要渠道下沉？很多品牌同行认为是因为一线城市的市场红利期已经过去，必须要去寻找二三线乃至更下沉城市的市场红利。但其实这不是根本的原因，根本的原因依然是渗透率，只有进入下沉渠道，才有可能争取到更大规模的新顾客，才能真正促使品牌成长为年销售额 10 亿元以上的大品牌。当我们观察市场上份额领先的品牌的增长历程时，就会发现它们往往都是依靠在下沉渠道的渗透率不断增长而获得快速增长。所以，与其说品牌要去下沉渠道，不如说品牌从一开始建立的时候，就要从市场渗透率的角度入手，选择进入规模最大的市场，渗透到更多的新顾客群体中去，这样才有可能实现品牌的快速增长。

渠道为先 vs 营销为先

千变万化的品牌增长，绕不过两个典型模式——渠道大渗透、营销大渗透。这两者往往是相辅相成的，只是在不同阶段，品牌因为自身条件、资源条件不同，会优先选择与自己条件和资源匹配的增长模式。

在一开始，品牌往往会根据自身的擅长之处与资源优势，进行单点突破式的单一大渗透。比如，有的品牌创始团队是"渠道出身"，拥有相对丰富的渠道资源，那么自然就会选择"渠道大渗透"的战术。有的品牌创始团队是"营销出身"，拥有相对丰富的市场经验，那么就会倾向于"营销大渗透"的战术。

比如，在手机品类中，小米手机在起步阶段，优先选择自己更为擅长的网络营销大渗透模式，而其他传统手机品牌还在用传统的分销模式，也就是渠道大渗透。在酸奶品类中，乐纯酸奶优先用社交营销大渗透的模式，而简爱酸奶则优先用渠道大渗透的模式。在个人护理和美妆品类中，HFP、完美日记、植观优先采用社交营销大渗透的模式，而玛丽黛佳、阿道夫等则更乐于用渠道大渗透的模式。服装品类中，凡客采用营销大渗透的模式，而优衣库则采用渠道大渗透的模式。在纸巾品类中，维达等大纸巾品牌采用营销大渗透的模式，而新品牌斑布优先采用渠道大渗透的模式。但是，当品牌发展到一定阶段，一般都会殊途同归——采用营销大渗透和渠道大渗透两种模式，两者缺一不可，而且不可间断，必须持续大渗透。比如，在饮料品类中，可口可乐、百事可乐、红牛、农夫山泉等无一不在持续进行营销和渠道的双重大渗透，没有因为已经做到市场份额第一而停止投放广告或渠道渗透；化妆品品类中，一些增长快速的新品牌，以及已经做到市场份额领先的老品牌诸如 OLAY、欧莱雅等也都没有因为自己的市场知名度而放弃营销大渗透和渠道大渗透；手机品类，小米、VIVO、OPPO，甚至苹果都是营销大渗透和渠道大渗透齐头并进，并未厚此薄彼。

渠道为先还是营销为先？这两种增长模式孰优孰劣？到底哪种模式更优秀，更适合新品牌？也许在理论界会引起诸多争议。但在现实实战中，这两种增长模式并无优劣之分，都能催生优秀的快速增长的品牌。瑞幸咖啡18个月上市，小罐茶3年达到年销售额20亿元，其背后的本质规律是一致的：一方面，借助尽量多的大众媒介渠道进行营销大渗透；瑞幸更多借助互联网手段，而小罐茶更多借助传统媒介方式。另一方面，疯狂开店，拓展渠道。瑞幸咖啡店和小罐茶体验店的数量规模虽然不同，但覆盖区域广，渠道大渗透的思路是一致的。即便在当前人人都吹捧电商和新零售的互联网时代，有诸多品牌还是采用传统的线下渠道大渗透方式，也同样增长起来，并迅速转型，通过线上线下全渠道渗透模式，搭配大营销渗透模式，突破年销售额上亿元甚至十亿元大关。

营销和渠道大渗透的模式是相辅相成的，而非相互排斥的，当品牌发展到一定阶段，就必须要做到两者兼顾。如果团队缺乏某一个大渗透的能力，就会影响品牌的持续增长。比如，笔者曾经亲身经历的一个垂直行业内市场份额领先的国货品牌，虽然在过去8年，通过单纯渠道大渗透的方式，结合独特的品牌与产品设计，迅速做到年销售额10亿元以上，但最终因为缺乏营销大渗透的能力，尤其是能触达年轻消费者的营销方式，很快生意下滑，再想回头追赶竞争对手就难上加难。

所以，比较两种模式可能没有意义。原因在于选用何种模式往往取决于每个品牌的资源条件和团队条件，而非品牌想做什么就能做什么。每个品牌要根据自己的资源与优势选择最适合自己的道路。别人的成功模式，不一定能套用在自己身上，大家的条件不同，资源优势也不同，大渗透的能力也就不同。

小 结

本章，我们首先讨论了渠道大渗透的目标依然是顾客触达与促成购买。而如何衡量渠道大渗透，取决于三个因素，曝光度、相关度、显著度，同时，这三个因素也是渠道大渗透的规模和效率指标。

渠道大渗透的第一步是扩大覆盖面，尽可能触达更大规模的真实顾客。在开拓渠道时，要有优先次序，优先选择渗透率较高的渠道，同时要触达所有顾客类型，而不应该局限于部分精准细分顾客。但仅仅只有规模还不够，还需要提升渠道大渗透的效率，因为品牌在渠道中只有曝光度而没有显著度，顾客会找不到，渠道的效果会大打折扣，渠道的效率也会降低。

另外，每个渠道都有利有弊，品牌制定的渠道策略是否合理有效，判断的标准是其能否促进品牌渠道大渗透的规模与效率。无论是在哪个渠道，无论渠道方式进化到什么程度，关于渠道效率的提升法则，依然还是要聚焦在两个点——触达更多真实顾客，提高触达转化顾客的效率。

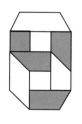

第八章

独特性资产:品牌大渗透的基本前提

打造品牌力就是打造品牌独特性资产

每个品牌人都知道打造品牌力至关重要。但到底该如何认识"品牌力"？大多数品牌人会认为：品牌力就是品牌名字和标志，或者品牌力就是品牌差异化卖点，所以会耗费巨资不断修改自己的品牌标志，邀请定位咨询类公司设计差异化的标志，并为标志匹配差异化的卖点。但往往会忽略两个致命问题：顾客是如何认知和辨识我们的品牌？

如果从两个问题入手就会发现，仅仅将品牌力定义为名字、标志、差异化卖点，无法帮助品牌在顾客心智当中占领一定的地位。因为总有竞争对手的名字比我们的更有个性，标志更引人注目，即便我们确实采用了定位咨询公司的建议，选择了差异化定位，马上也会有诸多竞争对手跟进和模仿，使顾客还是辨识不清楚我们的品牌，更何况去了解我们品牌的差异化卖点。

如何影响顾客认知？如何在顾客认知中占领一席之地？这是我们打造品牌力的关键。在这里还是要讲到前面说过的"品牌独特性资产"，它指的是能够帮助顾客认识和辨识清楚某个品牌的元素集合，比如名字、颜色、字体、包装形状、声音、味道、代言人，甚至广告语气和风格等。顾客其实是靠这些基础的元素快速认识和辨识品牌。如果一个品牌缺乏这些统一的、相对独特的、基础的品牌资产元素，就会让顾客非常茫然，难以归纳和消化品牌所传递的信息。

总之，打造品牌力要分两步走：第一步，帮助顾客快速清晰地认识和辨识品牌；第二步，传递给顾客品牌价值的认知。

往往很多品牌都会疏于第一步的打造就直奔第二步，这会导致一种情况的产生——品牌内部同仁自我感觉良好，认为自己的品牌很有特色，很有差异化，价值极高，但顾客却不知道，甚至辨识不清楚我们的品牌到底是哪个。

所以对于品牌人而言，如何建立品牌独特性资产，打造品牌力，让品牌在激烈的竞争中更显著，更容易被顾客认识和辨识，是最基础最核心的工作之一。

总结来说，打造品牌独特性资产对品牌增长至关重要。

第一，品牌独特性资产有助于增加品牌在营销大渗透和渠道大渗透中的效率。如上所说，如果没有独特性资产辅助顾客快速地了解和认识我们的品牌，那么营销预算和渠道投入就有可能会浪费。而一旦建立了品牌独特性资产，顾客就很容易发现和辨识，也很容易唤醒顾客的记忆，一般来说顾客会更关注熟悉的品牌广告，在渠道中也更容易发现自己熟悉的品牌。

第二，品牌独特性资产，有助于提升顾客的忠诚度。我们知道，顾客其实更容易接受、喜欢和想起自己熟悉的品牌，这是一种天然的忠诚行为。如果不具备品牌的独特性资产，顾客不太会主动归纳、分析和记住品牌，还会将品牌与其他的元素相挂钩，比如价格高低等。当顾客无法通过独特性资产辨识和选择品牌的时候，可能就会采用比价的方式来选择品牌，这就是许多品牌难以逃过"比价牢笼"的原因。

许多营销学著作会提到一个基本的顾客真相规律——行为决定态度：顾客往往会额外注意自己已经购买过的，或者相对熟悉的品牌。所以在市场调研中，常常会发现顾客对自己购买过的或者相对熟悉的品牌，表达出由衷的兴趣和热爱，虽然内心深处可能并不真正热爱，而只是因为这个品牌让他们能"更有谈资"。

第三，统一而独特的品牌资产其实是建构品牌竞争壁垒的关键。许多品牌之所以会因为竞争对手抄袭模仿而生意下滑，核心原因之一就是缺乏统一而独特的品牌独特性资产，顾客很容易被竞争对手吸引过去，因为他们辨识不清竞争对手和我们的区别。

这一点也解释了一个现实中经常遇到的情况：为什么许多抄袭模仿的品牌反而比原版品牌增长更多？这是因为抄袭型品牌比原版品牌更早一步，或者更大规模地进行了大渗透，并且在大渗透过程中不断地夯实自己的独特性资产（实际上是抄袭的），从而触达到比原版品牌更多的顾客群。顾客很少去分辨谁是真正的原版品牌，只会认为自己被"大渗透"触达的品牌才是原版品牌。要知道，独特性资产的衡量指标是顾客认知，只有顾客认识到且认为你是独特的，才是真正的独特性资产。否则，只能算是自己品牌内部的设计草稿而已。

所以，建构统一而独特的品牌资产是品牌营销者的核心工作。往往独特性资产要体现在产品开发、营销大渗透和渠道大渗透的方方面面，在每一个触达顾客的环节中都不能忽略独特性资产的打造。

塑造统一的品牌独特性资产体系

既然独特性资产对品牌增长有关键作用,那么到底该如何塑造品牌独特性资产?品牌可以应用的资产要素有很多种,比如标志、图案、形状、音乐、味道、代言人等,那么该如何选择、如何筛选和塑造出统一的品牌独特性资产体系?

第一,要回到品牌独特性资产的应用场景中思考。从营销方式和渠道方式两方面思考品牌应该具有哪些独特性资产至关重要。比如若采用视频方式做营销大渗透,就需首要考虑图像类资产,甚至在产品开发时期就要提前想到如何才能方便视频展示,这些应用场景的思考会帮助我们筛选和建立合适的品牌独特性资产。

第二,要抓住最方便顾客辨识品牌的资产元素。假如宣传的资产元素并不能帮助顾客辨识清楚,还很容易让他们联想到竞争对手,那么就应该考虑更换为更独特的资产元素。

第三,假如已经是成熟品牌,已经有许多资产元素,那么要做的就是筛选与排列出优先次序。回顾以往的营销执行、产品包装更换历史等,筛选出已经反复出现且被顾客更为熟知的资产元素,因为如果重新宣传这部分资产元素,可能会唤醒顾客已有的记忆,让顾客更快想起我们的品牌。

第四,独特性资产是需要逐步建立的,而非一蹴而就。所以要首先筛选和塑造最能帮助识别品牌、最有广泛认知度、最容易传播和辨识的资产进行营销,伴随着品牌增长,可不断增加其他独特性资产的元素,从而帮助品牌在顾客大脑的认知区域内留下印记,从而加深品牌的心智显著性。

对于独特性资产,我们在这里提供一个简单的分析框架,将已筛选的品牌独特性资产元素按照知名度和独特性两个指标来分类。其中:知名度指标衡量的是资产本身为人所知的程度与潜力。独特性指标则衡量资产的独一无二程度与潜力。如果提起一个资产时，顾客也联想到了竞争对手，那么这个资产元素一旦使用不当，就会为他人作嫁衣。

按照这两个指标，可以将独特性资产分为四类。

（1）可利用的资产（超过50%知名度和独特性）。这些资产是最佳选择，要持续宣传巩固顾客记忆，因为顾客容易忘记。

（2）可投资的资产（超过50%独特性但小于50%知名度）。这些资产虽然有独特性，但不广为人知，这就需要加强对这部分资产的宣传。

（3）避免单独利用的资产（超过50%知名度但少于50%独特性）。这些资产虽然有知名度，但不够独特，和很多品牌可能有关联。所以在使用这类资产时一定要注意绑定品牌名称，否则很容易为他人作嫁衣。

（4）放弃的资产（小于50%知名度和独特性）。这些资产没有太大价值，可能因为它们是新的资产，或者独特性不够，或者对竞争对手更有利。

建立品牌独特性资产并不是一蹴而就的，需要持续宣传和使用才能在顾客大脑中建立认知关联。所以，只有当独特性资产真正与品牌在顾客大脑当中建立记忆链接，形成强大的辨识度，才能独立使用这些独特性资产，否则还是要保证品牌名字与独特性资产一起出现。然而实战中品牌人容易犯如下错误：

其一，不知道"独特性资产"的存在，所以在品牌营销大渗透和渠道大渗透的过程中，无法积累品牌资产，无法沉淀到品牌认知上面。

其二，知道"独特性资产"的存在，但不知道具体是什么含义，容易和定位差异化相互混淆，造成品牌想要传达的信息太多，而顾客无法承载和消化。

其三，知道"独特性资产"的存在，也知道含义，但不知道"用进废退"的原则。所以在品牌营销大渗透的过程中，缺乏持续性和统一性，导致好不容易才建立的品牌认知又被顾客遗忘或者忽视了。

总之，品牌需要仔细筛选和甄别适合自己的独特性资产，并持之以恒地营销和使用。关于如何利用好品牌的独特性资产，笔者在这里提供一些基本的建议。

第一，持续曝光。因为大脑的基本原则是"用进废退"，如果不持续进行曝光，顾客容易遗忘或者混淆。无论是在营销大渗透还是渠道大渗透中,都要持续地对品牌独特性资产进行曝光,要持续地进行使用,将独特性资产在各个营销活动、渠道陈列中进行充分的曝光显示,在顾客大脑认知中建立起独特性资产与品牌之间的记忆链接。

第二,触达更多品类顾客。因此,千万不可用定位或细分市场的理论去局限自己品牌的顾客类型,而要尽可能地触达本品类中几乎所有的顾客。

第三,保持统一性。在营销大渗透和渠道大渗透的过程中,尽量避免随意变换独特性资产。对任何品牌而言,建立和维护顾客大脑认知是非常困难的事情,一旦失去统一性,顾客记忆就会出现混乱,就可能找不到我们的品牌,甚至将我们变来变去的资产和竞争对手品牌相互联系。对于寿命较长的品牌而言,尤其要注意这一点,因为不同阶段的品牌管理者可能会设立不一样的品牌资产,美其名曰创新,但实际上不停地更换品牌独特性资产会干扰顾客的大脑认知,对品牌造成极大的损伤。

第四,避免让独特性资产承载过多的差异化信息。许多品牌人因为不清楚独特性和差异化的区别,总是期望独特性和差异化能"多合一",期望独特性资产也能承载差异化的购买理由,或者品牌价值主张。但过度追求"多合一",反而会导致品牌独特性资产不够清晰、简单、好记。

第五,避免在独特性资产中传递品牌寓意。前面我们说过,品牌人通常会对品牌存在一种浪漫情怀,会为自己的品牌讲述美好的故事。追求在品牌的独特性资产中融入这些情怀,反而忽略独特性资产本身存在的意义。做品牌不是为了满足自己的成就感,而是要从品牌增长的终极目标出发考虑问题,用科学的理念和原则来指导品牌独特性资产的设计。

第六,开发新系列或子品牌的逻辑。如何妥善处理母品牌和新系列、子品牌之间的关系,如何避免新系列核心品牌对母品牌的市场蚕食,可以从独特性资产上避免。首先可以在新系列和新品牌的设计中囊括所有母品牌相关的独特性资产,这样将会建构起母品牌与新系列或子品牌之间的联系,帮助持续强化母品牌的独特性资产的同时使子品牌受益。然后可以加入一些新的资产元素来显示新系列、子品牌和母品牌之间的区别,从而既能保持联系,又能相对区分。

独特性资产的三大实战问题

许多品牌实战派虽然对品牌独特性资产这个名称相对陌生,但实际上一直在实战中广泛使用品牌独特性资产,比如许多品牌都设计了除标志之外的资产元素,用来在营销广告和渠道陈列中展示。但在如何利用这些资产元素上,可能还是凭个人经验而非遵循科学规律。所以在前面的内容中,我们首先分析了如何筛选并科学利用品牌独特性资产。下面,我们围绕实战中常常会出现的三个疑问来展开讨论。

第一,为什么拥有品牌独特性资产但缺乏营销和渠道大渗透也是无效的?

正如我们之前反复提到的,品牌独特性资产的利用原则是"用进废退"。

所以许多品牌即便设计了独特性资产元素,但如果缺乏对资产元素的科学利用,就不容易被普罗大众所熟知。当然更可能出现的情况是虽然有所谓的品牌独特性资产,但经常变动,不容易被顾客认知和辨识。所以在使用品牌独特性资产时,一定要遵循持续性和一致性的原则。

第二,为什么许多品牌形象"丑"却依然增长?

许多品牌人不能理解,为什么一些看似形象欠佳的品牌却在市场上依然能保持持续增长,这背后的原因与品牌独特性资产相关。品牌独特性资产的衡量标准在上一章反复提到,只有知名度和独特性这两个标准,除此之外并没有美丑这个标准。所以如果品牌的独特性资产具有一定的独特性且为普罗大众所知,就容易在顾客认知中建立起品牌的显著性,让顾客随时能想得起,也能便利地购买得到,从而促成品牌的持续增长。

同时更重要的原因是美丑是一个主观而非客观的衡量标准,不同顾客的审美标准是不一样的，很多品牌人认为自己的审美是比较高级的，但其实这只是个人的认知，不同顾客群体有不同的审美标准。

所以，品牌人在操盘品牌时要摆脱个人主观审美偏见，放下对自我认知的执着，真正回归到顾客的本质和真相中，理解品牌增长的真相。但很遗憾，现实中许多品牌人因为专业水平过强而有个人执念，导致在管理品牌时很容易认为自己代表了顾客，用自己的审美标准去衡量顾客的审美，用自己的喜好去满足顾客的需求，用自己的个人经验判断去评判竞争对手。这些都是导致品牌销量下滑的关键因素。

第三，为什么许多模仿的品牌依然在增长？

在过去一二十年，许多国货品牌其实是在模仿外资品牌的独特性资产元素，比如标志、包装设计、广告，甚至代言人风格。伴随着市场经济和品牌市场的飞速发展，许多同仁也意识到模仿是一种不好的举措，同时也开始疑惑为什么模仿的品牌也依然能够获得销量增长？这是不是意味着模仿得来的独特性资产也不会妨碍品牌的增长？这里分析认为可能有两大原因。

其一，所谓的模仿并非百分百抄袭，许多国货品牌善于利用外资品牌的独特性资产进行适当的本土化改造，让顾客并不反感，反而会因此受益于外资品牌的独特性资产。所以看似模仿，其实已经在一定程度上做了创新，只是这种模仿让许多品牌同仁认为是侥幸和懒惰的表现。但市场经济的本质是竞争，而竞争的现实就离不开模仿式创新。

其二，一个品牌由于不善于利用自己的品牌独特性资产，而被模仿自己的品牌迎头赶上。这是因为模仿的品牌更善于利用这些独特性资产，并进行了更大范畴的营销大渗透和渠道大渗透，从而在顾客认知中建立起了更明显的品牌心智显著性和购买便利性。反而原创独特性资产的品牌在顾客认知中留下不太多的印象，那么回归到顾客本质来看，其实真正拥有这些独特性资产的品牌反而是模仿的品牌，而并非原创的品牌。

要注意的是，品牌独特性资产和知识产权是有一定差异的。独特性资产只要经过一定程度的改造，就不太可能受知识产权的保护。所以市场上会频频出现不同品牌之间互相参考和模仿，大家的品牌独特性资产看起来是非常相似的，关键在于，谁能更好地利用好自己的品牌独特性资产，谁能将这些品牌独特性资产深深地植入到顾客的认知中，谁就真正拥有了这些独特性资产。

总之，品牌独特性资产是否能促进品牌销量增长取决于两个点。其一，品牌是否具有广为人知和相对独特的资产。其二，品牌是否很好地利用了独特性资产。如果只是设计好一个独特性资产是不够的，还需要科学地利用，才能真正地让独特性资产广为人知，建立顾客认知中的品牌链接，进而提升品牌心智显著性和购买便利性。

独特性资产需要持续投入

要想实现品牌的持续增长，除了独特性资产之外，品牌还需要持续投入。所谓持续投入有两个层面的内涵：一要有持续的预算、人力投入；二要尽量持续大渗透的节奏，避免中断。这也就解释了许多成熟品牌虽然已经占据市场领先地位，但依然会持续不断地投放广告来进行营销大渗透和渠道大渗透。因为品牌快速增长不等于能够持续增长，品牌必须要持续不断地进行投入，才能促使品牌持续增长或者保持销量不下滑。而许多新品上市难以成功，就是因为新品上市初期可能会投入预算做营销和渠道，但如果收效不及时，或者效果不好，则有可能取消预算，造成营销大渗透和渠道大渗透的中断。

更为常见的情况是，因为广告的销售效果难以评估，所以现实中，营销人员面对"花钱打广告"的挑战时，其实是很难说清成效如何。这就可能造成品牌高层决定"还是不打广告了吧，集中精力只做促销"的现象。实践中，短期内打广告可能不会促进销量的上涨，但只要持续一定时间必然会影响品牌销量。这是因为顾客大脑认知的原则是"用进废退"。

广告的效果确实很难立即衡量，尤其是对比效果更为明显的促销时。但广告的作用并非立即生效，而是作用于顾客看到广告后的下一星期或者下个月。广告其实是在重新建立、刷新或者加强顾客对于品牌的认知记忆，让顾客能够想起这个品牌。虽然投放广告的效果可能比不上竞争对手，但总比"不投放"好，至少可以维持我们在顾客认知当中的地位，不受竞争对手广告的影响。同时，投放广告要尽量避免中断，要持续不断地刷新顾客的记忆或心智，否则就会因为中断，而让顾客忘记我们，或者被竞争对手乘虚而入。

现在，随着人们能主动屏蔽广告，品牌面临的新挑战是如何让顾客能够关注和接受广告。因此，除了要持续不断地投放之外，还要注意广告内容要足够优秀。

而衡量优秀的标准是能够让顾客注意到并愿意对广告不断地进行信息处理，而且这个处理必须是让顾客大脑认知中的品类记忆切入点与我们的品牌发生记忆链接，而非与竞争对手发生链接。

回顾前面所讲的顾客记忆真相，顾客并非是在众多品牌中经过精挑细选、理性思考才做出最优品牌选择，而是根据自己的记忆结构来进行品牌选择，而记忆结构中最为重要的是品类记忆切入点和记忆链接。哪个品牌能够与顾客认知中的品类记忆切入点的链接越广，链接强度越强，就越能占领顾客心智，形成顾客心智中的品牌显著性。

总之，品牌的快速增长不等于能够持续增长。品牌想要持续增长，必须要满足基本前提，其中最重要的前提是打造品牌独特性资产，而且要善于利用独特性资产，同时也要持续不断地进行大渗透，从而不断夯实品牌独特性资产在顾客认知中的记忆链接，这就是我们常常挂在嘴边的"打造品牌力"的第一步，也是最重要的一步。没有这一步，其他关于品牌价值塑造、品牌情感、品牌形象的塑造都无从谈起。

小　结

截至这一章，我们讨论并明确了品牌增长的本质驱动力源于渗透率。而提高渗透率必须依靠营销大渗透和渠道大渗透的双重渗透，同时要具备基本前提，即品牌独特性资产，以及持续不断地投入。接下来，我们将会继续围绕品牌增长的其他话题展开讨论，他们虽然不是大渗透理论中的核心内容，但也是品牌增长中不可或缺的内容。毕竟，品牌增长是一个系统性、综合性工程，不是仅仅做好一个单一层面就万事大吉，而要尽量做好综合全面的工作。

下篇

品牌增长的挑战

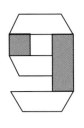

第九章

品牌增长的人力、财务与供应链

建立"认知统一"的团队

品牌操盘中,许多品牌增长中遇到的问题归根结底是团队问题,尤其是推动一个新品牌上市时。而团队问题中最核心最突出的往往是团队认知不统一。比如经常会有品牌创始人和操盘手感慨自己的品牌团队不好带、团队合伙人不好沟通、战略认知不匹配,即便制定了相对完美的战略,在推进执行上也相当困难。

这些问题其实都是认知不统一的表现。许多关于品牌营销或品牌增长的著作,仅仅探讨品牌增长的技巧或者营销执行技巧,而忽略了品牌所有的行动背后都需要靠谱的团队以及相对统一的认知才能执行落地,否则只会是停留在纸面上的完美方案。为什么会出现团队认知不统一的情况?

其实不仅品牌操盘团队,任何企业或组织,一旦超过两个人,必然会面临不同的思维习惯、认知方式、价值观及行为方式,这些都会造成不同个体之间在认知上的差异,而这种认知差异往往又是造成实战沟通矛盾的根源。

实战中,对于品牌创始人和操盘手或者企业管理者来说最难的不是制定增长战略,而是如何保证全员认知统一地落实战略。合伙人、团队成员的认知不统一,造成组织内部无穷无尽的内耗矛盾,从而延误增长时机,让竞争对手乘虚而入。

团队中认知不统一,往往来源于几个影响因素:比如出身背景不同,职场经历不同,个人的生活方式不同。团队中无论是合伙人还是普通成员,每个人的家庭环境、教育背景、生活环境都不相同,尤其是每个人的职业经历不同,对个人的认知方式都会有影响。比如,有过日韩企业职业经历的团队成员,往往都会有相对严重的上下级观念,他们习惯于服从上级领导的安排,很少去挑战上级领导。但出身于欧美企业的团队成员往往又没有严格的上下级观念，而是自由平等的职场关系认知。

因此，如果一个品牌操盘团队中拥有迥然不同的职场经历的成员，很容易产生误解和冲突。再比如，拥有较长时间乙方经历的团队成员，往往会纠结于创意细节等，而忽略了对品牌增长的核心目标以及宏观战略的理解和把控。而拥有较长时间甲方经历的团队成员，往往会更加追求宏观绩效，而忽略细节执行。假如一个品牌操盘团队中拥有来自甲方乙方两方面的成员，也容易遇到认知的冲突和误解。

认知不统一是导致品牌操盘中认知偏见的核心原因。因为每一个人都有不同的认知方式，往往会固守自己的思维方式，不愿意接受其他成员的思想，会不由自主地陷入认知偏见。往往拥有丰富职场经历的资深团队成员，会出现更严重的认知偏见现象。品牌创始人和操盘手也很容易出现严重的认知偏见，他们会基于过往的成功案例和丰富经验进行新品牌的操盘，并对新团队的不同认知进行批判。

无论是什么原因造成的认知不统一，对于品牌操盘团队而言都是巨大的内耗。所以对于品牌创始人和操盘手而言，一定要统一认知，秉承"认知统一"的原则招聘和搭建新的品牌增长团队。

第一，统一团队对于品牌增长的本质认知。品牌操盘团队中，不同的人对于增长的驱动因素理解不同，比如有的成员会认为品牌增长源于出色的创意，有的成员认为品牌增长源于出色的产品，还有的成员可能认为品牌增长源于高投入。

不同的人往往都会夸大自己所擅长的某个领域对于品牌增长的价值。比如设计师出身的品牌创始人和操盘手，往往会非常注重品牌设计层面的创新，这些人宁愿花费长时间精心打磨品牌设计，也不愿花更多的精力在品牌大渗透上面，他们认为出色的设计能自然而然地吸引忠诚顾客反复购买，其实这是对品牌增长的错误认知。即便是苹果手机这样设计水平公认优秀的品牌，也并没有忽略营销大渗透和渠道大渗透。

投资人、品牌创始人和操盘手对品牌增长的认知也可能存在差异。许多品牌投资人因为缺乏实际操盘经验，而习惯于对操盘手进行干预，如果操盘手不具备说服投资人的能力，那么极有可能因为接受这个投资而对品牌增长造成负面影响。

所以对于品牌创始人和操盘手而言，首先，要对品牌增长的本质真相有科学的认知,要深刻了解品牌增长的驱动力在于大渗透。其次,通过反复的内部培训与落地实战,统一团队的增长认知。最后,在选择投资人时,要选择与自己增长认知相似的投资团队,否则拿到投资后容易出现各种问题。

第二,选择志同道合的执行团队的伙伴。这一点可以通过了解过往的职业经历、面试沟通等方式来权衡考虑。在招聘面试过程中,要提前观察和考察对方对于品牌增长的认知。

第三,加强内部培训。如果在招聘层面上很难找到认知统一的伙伴,那么就需要加强内部培训,努力统一认知。并且在不断培训的过程中进一步筛选出有潜质长期合作的团队伙伴,同时提早预防认知无法统一的伙伴给团队带来的麻烦。

第四,以品牌增长为导向引导团队。所有的沟通和理论都是想尽办法让品牌增长,再去用品牌增长的实战案例教育和培训内部团队,进而逐步统一团队对品牌增长的认知。在这个过程中也要提防一种极端的情况出现:某些品牌成功速度过快,导致团队中对于成功关键要素的理解完全不同。并且过快的成长速度反而助长了团队成员的傲气与偏见。如果出现这种情况,就要利用科学的复盘总结和反复培训来统一认知,降低团队成员因为不清楚成功的关键要素而盲目自信带来的负面影响。

总之,在品牌团队的管理中,认知统一是第一要务,认知不统一对于任何组织而言都是极大的内耗。那么,在具体实践中我们该如何搭建让品牌不断增长的团队呢?

第一,品牌创始人和操盘手必须要具备 CEO 和 CMO 的双重思维。一个靠谱的品牌创始人和操盘手,首要的任务是制定战略而非忙于执行。而战略中最核心的就是品牌增长的大渗透策略。品牌创始人和操盘手首先必须了解这点,其次要具备全面的品牌管控能力,同时不可忽视品牌建设。许多销售出身的品牌创始人和操盘手往往过于重视销售渠道对增长的作用,而忽略了品牌的建设,这会导致过于依赖渠道,无法积累品牌资产,无法在顾客心智中建立品牌显著性。而要实现品牌持续增长,必然离不开品牌本身的建设,这也是品牌 CMO 的核心工作内容。

第二,团队结构要合理。许多拥有大品牌经验的操盘手,往往在创建新品牌时习惯于先搭建庞大的团队,这样做,一方面容易造成成本激增,另一方面也容易造成严重内耗。品牌团队搭建应该匹配品牌增长。在品牌从 0 到 1 的过程中，首先应该搭建的是新品开发团队，其次是营销团队和渠道团队，而伴随着品牌不断增长，需要不断扩充营销和渠道双重大渗透的支持团队。

第三，设立合理的团队绩效指标。在设计 KPI 制度时，要将品牌增长作为第一目标，团队中所有人都要为这个目标而努力。要围绕增长的最终目标，进行细分目标的拆解，比如细分拆解为营销大渗透的中间目标和渠道大渗透的中间目标。

对于某些职能支持部门而言，很难直接用业务绩效来考核，那么只能是采用中间目标来考核，但依然要让职能部门了解所有的职能支持都是要服务于增长这一核心目标。不注重品牌增长，而只追求管理的精细化程度，是大错特错的。

第四，完善内部培训制度体系。在制定内部培训制度体系时，也要首先考虑品牌增长的核心目标，所有的培训必须围绕品牌增长展开。许多来自大企业的品牌管理者忽略了目前品牌的现状和业务经营的水平，还是采用适用大企业的复杂精细的管理制度与培训制度，这对于现有品牌而言无疑是一个巨大的风险，容易让内部团队无法适应、茫然无措，造成极大的内耗和成本增加。

第五，搭建人才梯队。在新品牌创建时，往往不太需要复杂的人才梯队，只需品牌创始人和操盘手带着执行团队直接开始。伴随着品牌不断增长，就需要搭建合适的人才梯队。搭建人才梯队也是为了保障能够完成因品牌持续增长而越来越复杂的工作内容，同时也是为了储备团队的管理者。

在搭建人才梯队时，往往会遇到外来人才与老员工之间冲突的问题，对于品牌创始人或操盘手而言，必须要平衡好外来人才与老员工的关系，要用同一标准衡量二者，而不应该有双重标准。许多品牌创始人可能对老团队成员更加信任，容易戴着有色眼镜看待外来人才，而另外一些品牌创始人则更容易相信外来的人才，而不相信自己的老团队成员，这两者都是需要避免的。

无论如何，一个品牌团队不可能完全是由老员工组成的，总是会有"新鲜血液"的注入，在组织人员不断"新陈代谢"的过程中，始终要确保团队对于增长的认知是相对统一的，同时要确保用统一专业的衡量标准对所有团队成员进行衡量，只有这样，才能保障品牌团队的执行力始终如一。

第六，让团队成员成为资产而非成本。许多品牌创始人认为团队成员只是人力行政成本，这正是造成品牌无法增长的潜在原因之一。如果品牌创始人无法正确认知团队成员的价值，而只是将人当作成本，那么就很难进行持续的人力投入，更不可能对团队成员进行系统化的培训，如此就很难保证营销大渗透和渠道大渗透的执行质量与持续投入。一个持续增长的品牌背后一定要有团队成员的支持，团队成员应该是品牌增长的重要资产，要以看待资产的视角去看待人，要统一品牌增长认知，持续地培训团队成员，提升团队的品牌增长技能。

建立高效的品牌供应链

供应链是大渗透背后的命脉，在实业品牌里，供应链对于品牌增长的影响极为关键。如果没有科学的供应链管理制度，往往会造成品牌库存积压或者供不应求，以及品牌供应链成本过高等问题。一个品牌想要持续增长，必须要重视供应链的管理。那么，品牌创始人和操盘手应该如何看待供应链的价值以及如何科学管理供应链呢？

第一，要充分理解供应链的工作范畴。许多品牌创始人和操盘手缺乏对供应链的认知，以为供应链仅仅是供货，但其实供应链包含着方方面面的工作：供应商管理、新品上市流程、库存管理、需求预测、物流管理、品质管理等。其中，每一个细节板块也是内容繁杂。比如，新品上市流程管理，必须要管理好新品的包装、内容物、供应商等各个方面。

第二，对于新品牌而言，供应链尤为重要，因为供应链往往占据了新品牌成本的绝大部分。对于成熟品牌而言，科学管理供应链往往会降低品牌成本，提升品牌供应效率，减少品牌库存积压。

第三，可以尝试利用供应链创新来刺激品牌的增长。对于某些比较依赖供应链的品类，如果能进行供应链端的创新，往往就能带来品牌的快速增长。比如，极为依赖物流供应链的生鲜行业和鲜奶行业，如果能科学地管理供应链，解决物流限制的问题，则有助于挖掘更大的品牌增长潜力。

不同的行业对供应链的要求也不相同，这里以快消行业的化妆品行业供应链为例，列举实战层面供应链经常遇到的问题。

问题一：准备了很久的产品，刚一上市就收到各种投诉。

问题二：和业内知名的供应商合作，发现交货周期长、起订量高、成本高，各种配套服务不到位，新品开发进展缓慢。

问题三：需要的产品下单很久不到货，仓库里的库存却越来越多，库存里到底有什么东西，能不能用是笔糊涂账。

那么应该如何避免这些常见的问题，以及如何提高新产品开发速度，降低采购成本，提高产品品质，缩短大货交期？

第一，保证沟通到位。供应链作为新品落地执行的枢纽部门，是内外部门沟通的窗口，一定要确保相关部门对于产品的要求都充分理解。比如，品牌需要什么样的产品，设计想要什么样的设计，研发与现有供应商能提供什么样的产品。

在生产前，尽可能用实物确认，尽量让品牌人拿到与最终产品在尺寸、结构、颜色上一致的产品。图片与实物，很多时候差别很大，而模具加工、产品生产都需要生产周期，且很多时候不可逆，所以生产前一定要确认实物。

第二，要保持对创新的敏感。主动收集行业新工艺，推动供应商尝试各种新技术、新工艺。包括包材与内容物的外观、使用方式等。因为无论是产品包材还是内料，涉及的工艺非常多，尤其新品牌往往会要求在包材与内料上进行各种创新，这就要求供应链要有一定的从业经验，且一直保持对新事物的学习。

第三，要进行科学的时间管理。尽量缩短新品开发周期，确保首批上市所有相关产品与赠品按时完成。一个新品很多时候是系列开发，涉及的产品、赠品及各自相关的零部件多，而各自打样、生产周期、供应商也不完全一样，有的生产确认还有先后顺序，但是完成时间需要一致，所以供应链部门一定要有项目管理的意识，控制好产品开发过程中的各种关键节点。

第四，要确保物料采购时的价格有竞争力，同时配合度要高。供应链部门要寻找匹配的供应商，从配合度、成本、产能、品质、交期几个方面综合评估。寻找在产品创新上愿意投入，对品质管控严格，生产灵活，能够合理控制成本，且有合作意愿的供应商建立长期合作关系。尽量避免频繁更换供应商，这样供需双方能更了解彼此的需求，减少磨合成本，品质更可控，交期与起订量更灵活，产品创新更容易推进。

第五，要进行科学的成本控制。对于常规产品、常规工艺，供应链部门要根据现有品质需求、供应商标准，建立起合理的成本体系。对新产品、新工艺要定期与新品开发部门、供应商一起检查生产状况，更新品质标准，改善工艺，提升产品生产效率，降低成本。

要尽量缩短生产周期，将公司采购的物料分类，尤其对于常规持续生产的产品，根据需求将生产工艺分段备料，同时与供应商一起建立起安全库存体系，具体交货数量按照滚动订单交货——正式订单加预订单模式。这样可以大幅缩短产品交货周期，但是增加了不少在制品。这就要求采购、新品开发、销售等各部门在有产品更换计划的时候，要提前通知相关人员，避免浪费。

第六，要注重品质管理，建立合理的品质标准，并执行到位。在建立品质标准方面，引入新供应商时，一定要进行考核，确保供应商有资质，有能力达到公司的品质标准；在新品开发时，需要提前根据产品特性，制定针对性的品质标准，并安排相关测试，所有产品生产前，都要确认相关测试已经完成；大货生产与交货必须依据签样与确认的品质标准。

在加强品质管控方面，根据需要监督生产各环节品质状况，及时处理生产过程中的品质问题；建立品质异常处理流程，及时处理生产销售环节发现的各种品质异常。

第七，进行科学仓储，合理规划订单数量与周期、合理规划库存，避免浪费。关于订单管理，拿到所有订单产品后，对于周期太长，且需长期采购的产品，与采购方一起通过半成品备料缩短周期；根据需求确定采购数量与周期。同时，与销售部门密切配合，尽可能拿到准确的预估量。关于库存管理，随时了解仓库库存情况，定期盘点，做到账物一致，库存合理，做到在售产品先进先出。产品线更换，产品升级的时候一定要注意，尽量在旧产品销售完后再更换。其他库存产品，要定期提醒销售和开发部门，在产品有效期内尽量消耗掉，避免长期留滞物料。

建立系统的新品上市流程

新品上市对于每个品牌而言都至关重要。许多品牌在新品上市的过程中是比较慌乱和茫然无序的,各个部门不知如何配合,流程混乱而缓慢。那么,到底该如何建立标准化的、快速敏捷的上市流程?大型跨国企业往往具有成熟的品牌上市流程,譬如宝洁有一套"SIMPL"(Successful Initiative Management & Product/Process Launch)流程。这套系统很好地保障了宝洁内部创新项目的成功。宝洁使用这套复杂的新品上市流程的目的是通过统一品牌内部对新品上市的认知,提升新品上市的效率,促成品牌的增长,形成品牌竞争的保障。

实战中,一个成熟、标准的新品上市流程应跨越五个阶段。

第一阶段:市场调研阶段。在这个阶段进行的是消费者调研和竞争对手调研,主要是新品上市时初步的针对性调研。

第二阶段:新品设计阶段。基于之前的市场调研在这一阶段要形成关于新品上市的初步策略。

第三阶段:新品验证阶段。选择小范围市场进行验证。

第四阶段:调整与完善品牌上市各项准备的阶段。基于前一个阶段的市场验证进行调整,并完善上市之前的各项营销与渠道准备。

第五阶段:正式上市阶段。上市后要随时根据市场反应进行复盘和调整。

但这种复杂的流程不太适合新品牌或者正处于发展初期阶段的品牌。对于新品牌而言,在进行新品上市流程的设计时,一定要服务于品牌增长的最终目标,同时要综合权衡制度与可执行性的关系,要确保所有的团队成员都能理解并且贯彻落实。所以,这里提供一个精简版的新品上市流程。

第一阶段：策划阶段。首先由市场部提出或者响应其他部门需求，形成新品上市策划分析报告，回答新品上市的五个关键问题——新品上市后的市场规模潜质如何？新品的用户痛点是什么？新品的竞争优势有哪些？新品要以什么样的策略保证成功？如何评估可执行性？在回答如上五个关键问题的时候，并非只是由市场部进行策划，还需要其他部门提供可执行性的分析，或是新品上市的建议。

第二阶段：规划阶段。由供应链和市场部共同设计项目时间表，开发新品上市的具体执行方案。在这套具体的执行细则中必须继续深化第一阶段提出的新品上市的竞争优势，明确新品上市的营销大渗透和渠道大渗透的策略，以及可执行性评估的细节，比如预算需要多少？需要多少人力支持？需要多长时间才能真正上市？

第三阶段：执行阶段。供应链部门负责督促整体的项目上市时间表，市场部负责领导整个方案的落地执行。在前两个阶段提出的新品上市策略，在这一阶段要具体落地执行，比如，官方应该推广什么？第三方应该推广什么？官方渠道做什么？第三方渠道做什么？销售客服培训如何进行？等等。

第四阶段：跟踪阶段。新品上市之后由项目组每天、每周、每月负责跟踪上市情况，填写跟踪表，市场部负责进行每月跟踪报告。所有部门都要根据跟踪报告调整新品上市的策略与执行。

这四个阶段，每一个阶段所耗费的时间根据不同的行业品类和企业情况有所差异，有些品牌的新品上市流程长达三年，而有些品牌的新品上市流程只要两个月。新品上市流程并非越短越好，许多习惯在电商渠道打爆款的品牌同仁，一般通过快速上新来刺激短期销量，但实际上快速上新如果没有把控好产品品质，上新之后的效果会适得其反。要记住，大渗透是品质的放大镜，产品品质不好，很容易因为营销大渗透而遭到负面评价的反噬。当然上市流程也并非越长越好，当今市场瞬息万变，必须要在保证产品品质的情况下，进行快速反应、快速创新。

总之，不同类型的企业和不同的品牌发展阶段，需要灵活地调整新品上市流程，不应该将一套流程应用在不同发展阶段的不同品牌上。有些品牌还处于初级阶段，不适合复杂的新品上市流程，而有的品牌已经到了应该建立标准化的新品上市流程的阶段，如果这时还没有规范的流程，就容易造成新品上市的效率极其低下，且失败率较高。

让财务成为品牌增长的驱动力

财务在许多成熟品牌中地位较高,而在新兴品牌中则地位不高,许多新兴品牌对于财务的认知,还仅停留在算账层面,不清楚财务对于品牌增长的重要作用。

第一,品牌创始人和操盘手必须对整体财务有相对清晰的认知。在现实中很少有品牌创始人和操盘手是财务出身,除非一些成熟的跨国企业,往往会任命 CFO 为 CEO 管理整个品牌或集团企业。单一品牌的操盘手往往都是营销、市场、供应链出身,偶尔也有投资人出身的情况。但无论哪一种情况的品牌创始人和操盘手,都应该对品牌的整体财务有相当清晰的认知,因为品牌增长的每个阶段都必须对财务的进行科学管理。

许多创业品牌的操盘手对财务的认知仅仅停留在算账层面或融资层面,却忽略了财务对于自己创新品牌的驱动价值。财务不仅是算账或融资,还包括整体品牌的预算管理、成本管理、效率管理等,品牌创始人和操盘手要对整体品牌的预算成本有所认知,尤其对自己品类的成本结构要相当了解。许多品牌创始人和操盘手进入到自己不熟悉的品类中创新品牌,风险其实是比较高的,因为每个品类都有自己的成本结构与财务风险,没有相对深入的品类经验积累,很容易走弯路。

第二,对于新兴品牌而言,首先要做好预算和成本管理。新品牌往往没有复杂的账目,但是要做好未来的预算管理,比如,到底多少的预算应该投入到产品开发?多少的预算应该投入到营销大渗透和渠道大渗透?多少的预算应该投入到团队人员?这些都需要相对专业的财务知识。现实中经常有一些新品牌创始人和操盘手对自己的成本预算不是特别了解,盲目地扩充团队成员,让人力成本成为新品牌的最核心成本,让最重要的营销大渗透与渠道大渗透没有多少预算可用。有的新品牌喜欢在上市初期进行"猛打",在营销大渗透上投入巨额预算,妄想通过一次营销就让品牌获得大幅增长,这是十分天真且错误的幻想。正如之前篇章中反复提到的,新品牌上市,必须要持续不断地进行营销大渗透,如果上市初期就已经花光预算,那在之后必然会面临营销中断,渠道开拓中断等问题。

第三,财务也要对品牌增长负责。现实中许多品牌人认为财务的主要角色是控制成本,但其实财务更大的价值在于促进品牌增长。许多人认为财务与品牌增长的业务目标相距甚远,但其实财务中最核心的角色就是财务预算管理,而预算管理与品牌增长的业务目标息息相关。财务需要明确知道资金投入哪个板块,能够促成品牌的增长,投入哪个板块,会影响品牌的增长,而不仅仅只是告诉品牌创始人和操盘手,必须要省哪一部分的预算。

第四,不同发展阶段的财务要求各有不同。在品牌上市初期,对财务的要求主要聚焦在初步的预算管理和成本管理。而伴随着品牌的不断增长,财务必须考虑如何提升效率。往往品牌增长的过程就是不断增加成本的过程,也是不断增加内部损耗的过程。财务在其中的角色也不仅是成本控制,而是管理者的角色,通过不断引导品牌内部提升预算管理与成本调控的效率,引导品牌持续增长。在品牌走下坡路的时候,财务的职责更多在于如何开源节流,挽救品牌。

总之,财务对于品牌增长起到至关重要的作用,并不能只当作支持部门。现实中,大部分的财务问题归结起来,依然是对品牌增长的驱动因素不了解,导致财务预算容易偏向于非重点板块,或者毫无目标地进行成本管理。所以,品牌创始人和操盘手必须对财务有基本认知,尤其对品牌的成本结构以及增长驱动因素的排序要有清晰认知,否则即便出现品牌增长,也很难持续。

小　结

这一章我们讨论了支持品牌大渗透的人力、供应链和财务三大方面。首先，团队是执行品牌大渗透最关键的因素，没有靠谱的团队，即便有完美的大渗透策略，也没有办法落到战术执行层面。其次，供应链掌握着大渗透的命脉，尤其对于实业品牌而言。最后，财务对于品牌增长的价值不仅仅在于成本控制。

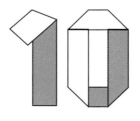

第十章

品牌的增长挑战与应对策略

品牌大渗透是把"双刃剑"

许多品牌同仁在阅读完前面的内容后,可能会产生一个疑问,大渗透增长理论是否认为品质低下或者没有产品创新也可以增长?在市场中,确实不乏一些品牌虽然品质一般,也不常进行产品创新,但依然能够凭借大量广告和分销的方式来获得快速增长。但快速增长之后,能不能持续增长,存在疑问。

大渗透是把双刃剑,是品质的放大镜。如果品牌的品质出现问题,一旦投入营销大渗透和渠道大渗透之后,它的品质问题反而会遭到放大。比如2019年两家电器品牌在微博掀起舆论战,其中一家指出另一家的产品品质存在问题隐忧。在社交媒体营销大渗透的作用下,该品质问题遭到更大程度的曝光。即使另一家品牌不揭露它的品质问题,也有可能被其他品牌、其他顾客,或其他新闻媒体揭露。又比如2017—2021年期间,许多传统保健品品牌都遭受到极大的负面舆论困扰,这些保健品品牌曾经善于利用传统广告的营销大渗透方式,而如今因为品质问题也遭受到大渗透的"反噬"。这些案例在实战当中比比皆是,这揭示了大渗透是品质的放大镜,有双刃剑的作用。

品牌的品质包括两个层面的内涵,一是产品本身的质量品质问题,二是品牌的品质形象问题。这两者在当下时代,都会因为社交媒体的放大作用而容易遭受到"反噬"。前者的问题往往会相当突出,会引起社交媒体的口诛笔伐,导致顾客购买欲望下降等后果。而后者的问题往往是比较主观的,如果可以巧妙地应对,则可以转危为安。

品牌在持续增长的过程中必须要重视品质与创新,但也要科学对待品质和创新,不可过于盲目地追求品质与创新。

首先，必须要不断复盘自己产品本身的质量问题，以及产品是否能匹配不断更新的顾客需求。如果无法满足顾客新的需求，则需要进行产品创新。尤其是在消费品领域，顾客的需求是不断变化的，需要不断地推陈出新，但这并不意味着每次的推陈出新都要更改产品包装，也可能只是产品配方的改变，或者是产品包装的些微升级，过于频繁地更换产品包装，很容易让顾客在货架上找不到我们的产品。

其次，也要适当关注品牌层面上的形象品质创新。虽然品牌形象很多时候是主观的，但背后也有科学的规律，诸如在前面的内容中反复提到的，品牌必须要有独特性资产，而且必须要在营销大渗透的过程中，逐步建立与顾客大脑认知的记忆链接。所以品牌对自己形象方面的复盘，更多是要聚焦于独特性资产，以及建立顾客大脑记忆链接。

再次，不要为了创新而创新。创新并非核心目的，目的是促进品牌的持续增长。如果某一项产品创新并不利于品牌增长，则需要权衡是否真的需要这次创新，实战中许多品牌同行非常喜欢进行产品创新、营销创新甚至渠道创新，尤其是职业经理人，毕竟只有创新才能算作是自己的职业绩效。但往往前一代职业经理人进行的品牌创新，在下一代职业经理人手中就会被推翻，长此以往就可能造成品牌缺乏统一的独特性资产，变成了四不像，反而丧失了在顾客记忆中的显著性以及购买的便利性，从而引起品牌下滑。

然后，不要过度追求品质。品质也并非品牌操盘的核心目的，目的还是促进品牌的持续增长。许多品牌同行非常喜欢琢磨如何升级品牌形象，如何打造品质优越的产品，常常会将这样的行为标榜为"匠心"。但现实中品牌操盘并不是做艺术品，所谓的匠心雕琢并不一定能促使品牌快速增长。产品的品质优越要基于顾客需求而非超越顾客需求，许多品牌同行容易自我感动，创造出顾客可能不太需要的某些看似优越的功能，这样反而会增加成本，且容易让顾客摸不着头脑。而品牌形象也要基于顾客大脑认知，而非品牌人的审美和自我感动。最关键的，产品品质和品牌形象仅仅是品牌增长驱动因素之一，而更大的能够驱动品牌增长的因素，是我们反复提到的品牌的营销大渗透和渠道大渗透。

最后，创新不能超越团队的能力范畴。产品创新和品牌创新要综合考虑诸多因素。比如上新系列还是上新品牌？如何管理多品牌？团队是否有这样的能力可以管理多品牌？现实中往往也会出现一种情况，品牌创始人和操盘手忙于不断上新，却疏于妥善管理，导致成功的案例寥寥无几。

总之，人们总是对创新寄予无数的期望，但是真正能够成功创新且创新之后保持增长的品牌寥寥无几，原因在于品牌同仁们对创新的本质真相，以及产品和品牌创新的增长路径还是模糊的，还是充满情怀和一些非理性因素的。始终要记住，创新并非目的，而只是过程，如果无助于品牌增长，则要仔细权衡。品质也同样只是促进品牌增长的影响因素，并非每一个品牌人都要成为拥有匠心的艺术家。

上新系列还是新品牌

许多品牌在面对新的顾客需求时,必然会考虑一个问题,新的需求是用新品牌来满足,还是通过新系列来满足?如果通过新品牌来满足,那么如何处理多品牌的关系?如果通过新系列来满足,如何配置资源管理品牌的不同系列?在实践中,一个品牌上市新系列的本质驱动因素可能有三种。

第一种,源于正常的新顾客需求,现实中不存在一种产品能满足所有顾客的需求,所以品牌一旦上市之后,顾客必然会提出的新需求。面对这种情况,品牌有两个选择:要么继续专注现有产品来满足现有需求,而拒绝满足顾客的新需求;要么就考虑上市新系列或者新品牌。

第二种,前一个品牌失败了,造成品牌创始人和操盘手不得不另寻出路。这时候也会面临两难的选择,虽然前一个品牌失败了,但是依然具有一定的品牌资产和既有顾客群,所以品牌创始人和操盘手不太愿意直接放弃原有的品牌,会倾向于选择在原有品牌的基础上进行新系列的上市,来挽救已经暂时失败的品牌。当然还有一部分比较有魄力的品牌创始人和操盘手会另起炉灶,放弃前一个已经失败的品牌,从零开始操作一个新的品牌。

第三种,前一个品牌成功了,品牌创始人和操盘手或者投资人,想复制前一个品牌的成功,再次创造新品牌。在这种情况下,可能是从 0 到 1 开发新品牌,也有可能是在现有的成功品牌之下延展新的系列。

无论是以上哪一种原因,对品牌创始人和操盘手而言,都面临到底选择新系列还是新品牌的问题。那么品牌创始人和操盘手应该如何选择呢?首先要明确以下四点:

第一，新的顾客需求与现有的品牌或产品存在多大的差距。衡量这种差距，不只是从所谓的品牌定位层面思考，而更应该是从品牌的品类价值层面思考。假如现有品牌和产品一直以来传递给顾客的心智认知是提供饮品类的价值，而我们想满足的新需求是化妆品，则新的需求品类和现有的品牌品类差距较大，可能无法放在同一个品牌之下进行宣传。假如想要满足的新顾客需求是与饮料相关的食品品类，则可以通过新系列的延展来满足，当然所有通过新系列的延展能够满足的需求，也必然是可以通过新品牌满足的。

另外，如果现有品牌是文创IP品牌，则不受品类限制，可以考虑将新的需求放在现有品牌之下进行延展。但即便是文创IP品牌，也要围绕自己的核心品类价值开拓新产品，而非面面俱到，各种品类都做。

第二，新的顾客价格需求与现有品牌的价格差距过大。如果新的顾客需求是让奢侈品变成大众品牌的价格，那么要满足这种新的顾客需求则要慎重考虑采用延展系列的方式，因为新的低价系列在短期内容易对高价系列产生一定程度的蚕食，从长期看会使品牌形象认知受损。现实中，一个品牌可以提供不同价位的产品，但是价位之间的差异不应该太大，否则会干扰顾客对品牌的认知和记忆链接，影响品牌触达更多的轻度顾客和新顾客。因为每一个成熟品牌在顾客大脑认知中都已经建立了一定的记忆链接。

现实中会出现奢侈品品牌推出一个相对低价的子品牌的情况。但你会发现，他们往往在营销大渗透的过程中，非常巧妙地利用品牌独特性资产，让顾客既能接受这个新品牌是源于既有的奢侈品品牌，同时又是一个新品牌的双重信息。这就是品牌独特性资产的价值。

第三，新品牌需求与渠道有关。如果新的渠道需求与既有的渠道之间是冲突的，则不得不采取新的品牌推广方式。当然这种新品牌可能和老品牌在产品层面上很多是相通的，尤其是独特性资产方面具有很强的关联度，从而能够满足新渠道的特殊需求——许多新渠道其实是看中了老品牌在老渠道中的竞争优势，才会要邀请其进入自己的渠道。但因为存在竞争关系，所以不太可能让老品牌直接进入，所以会采取上市新品牌的巧妙方式，让顾客感觉好像是老品牌进入了新渠道，但其实是新品牌进入了新渠道，只是新品牌采取了和老品牌相似的独特性资产，从而在顾客大脑认知中建立了对于老品牌的记忆链接。

如果新的渠道需求与既有渠道之间不太冲突，则可以通过采用开发新的产品规格和新价位的产品来满足新渠道需求，并不一定要通过开发新品牌来进行。

第四，充分考虑品牌操盘团队的精力和能力。每一个品牌的增长都是极为困难的，何况要同时操盘若干个品牌。如果不考虑品牌操盘团队的精力和能力，就有可能出现新品牌即便被完美地设计出来，但难以推进营销大渗透和渠道大渗透的情况。所以现实中，许多企业在成功推广一个品牌之后，很难复制成功，其本质原因还是团队匹配不上。

品牌的增长绝对不是只靠产品设计或品牌设计就能达成的，必须要靠系统的、综合的品牌操盘执行。当然现在越来越多的大企业采用外部孵化的方式，解决内部精力不够的问题。这是目前比较高效可行的做法。外部孵化一方面能促进品牌操盘——外部团队专注专心，且为结果负责；另一方面也可以避免内部团队对外部团队的干扰和影响。

总之，考虑上市新系列还是新品牌，其实取决于我们对于需求的判断，以及对自身精力和能力的评估。

开发新品的三大法则

新品牌上市前，总是有无数的期望，每个参与者都会觉得自己的作用无比重要。而一旦失败，参与者就会互相指责——营销人员会指责销售人员，销售人员会指责研发人员，研发人员会指责供应链负责人，投资人会指责操盘手，操盘手会指责投资人，等等。其实，品牌增长不仅是一门科学，而且是一场心理战。假如团队成员既不了解品牌增长的科学路径，又互相达不到信任与团结，很容易出现新品牌上市失败的情形，或者就算成功也很容易分崩离析。所以一定要对新品上市保持理性专业的态度，必须要了解新品上市成功或者失败的根本驱动力，以及新品上市容易遇到的问题。因此，围绕新品牌上市，往往会有三个核心关键问题：到底该吸引哪类顾客？如何提升顾客心智显著性？如何开拓渠道？

第一，应该吸引哪类顾客。新品牌在规划期往往会被寄予厚望——它要吸引的顾客与其他品牌的与众不同，并且这群与众不同的顾客能够主动传播，引发更多顾客的关注，进而达成品牌快速增长。很多新品牌上市初期，受限于预算以及情怀影响，往往都会对自己的顾客群产生"不切实际"的幻想，认为自己的顾客群虽然小众，但很忠诚，他们会以购买和使用与众不同的新品牌为傲，并主动向外传播，成为新品牌的KOL。实际情况到底如何？对比老品牌，新品牌真的拥有更高的顾客忠诚度吗？

很遗憾，虽然新品牌刚上市时好像有一群所谓"种子用户"在购买，但一段时间后，新品牌和其他品牌的顾客类型会趋于一致，也是轻度顾客占据品牌顾客群的更大比例，而所谓老顾客/忠诚顾客的比例逐步减小。

新品牌在刚刚上市时，吸引的往往是重度的品类顾客，这些重度品类顾客的购买频次比一般的轻度品类顾客更高,他们也更为关注品类中出现了哪些新品牌,也愿意尝试这些新品牌,所以新品牌上市初期吸引重度品类顾客,其实并不是因为他们是新品牌的忠诚顾客,非常热爱新品牌或者觉得新品牌与众不同。

所以,新品牌想要增长就必须要了解品牌增长的本质驱动力,妄想通过小规模的重度忠诚顾客反复购买而实现品牌增长是不切实际的。从这个角度而言,新品牌必须要持续不断地进行营销大渗透和渠道大渗透,才能吸引到规模更大的新顾客和轻度顾客。切不可沉迷于提升所谓种子用户的忠诚度和复购率,放弃对新品牌规模不断增长的追求。

第二,如何提升顾客的心智显著性。无论对于新品牌还是成熟品牌,摆在品牌面前的问题都是一致的——如何影响顾客大脑认知?如何将品牌植入顾客大脑?很显然,新品牌面临比老品牌更大的挑战,因为新品牌对顾客而言几乎是一无所知的,顾客几乎没有任何记忆链接是关于新品牌的。所以,新品牌在打造顾客心智显著性上,要付出比老品牌更大的努力。但并非鼓励新品牌创造一些差异化的购买理由或者让自己显得与众不同,而是要更加努力地执行好品牌营销大渗透的战略。那么,新品牌应该如何做好品牌营销大渗透?

第一步,要先在顾客大脑中建立与品类记忆切入点的联系。在所有的品类记忆切入点中,最为重要的是新品牌提供什么样的服务?也就是明确的"品类价值"。许多新品牌在上市宣传中会忽略这一点——因为它看起来最基础最没有差异化。但其实如果不告诉顾客"我们是提供什么服务的品牌",顾客可能压根就弄不明白我们是做什么的,更不可能记住我们的差异化卖点。

在说清楚提供什么服务的基础之上,再去链接不同的品类记忆切入点。可以按照普及性对顾客的品类记忆切入点进行排序,优先要链接顾客都普遍有的品类记忆切入点,而不是那些看似独特但其实顾客普及性不高的记忆切入点。许多品牌同仁可能会期望建立与众不同的记忆链接,从而在顾客大脑认知中植入差异化的品牌形象。然而现实中,这类尝试基本上都以失败告终。原因是寻找特殊的品类记忆切入点是非常危险的,一方面如果许多竞争对手品牌没有选择这个独特的记忆切入点,那通常是因为它在顾客心智中不具有普遍性；另一方面，这个特殊的记忆切入点只和一小群顾客相关联，而不具有规模性。

第二步，在保证品牌大渗透的规模基础上，优化品牌大渗透的效率。新品牌往往受限于预算，很难进行较大规模的渗透，但是依然可以在自己预算范畴内，尝试局部范畴的大渗透。而如何提高品牌大渗透的效率，这就涉及品牌营销内容的优质性，要重视品牌营销的创意，但是不要错误地应用创意。好创意不是要令顾客感动或让同行惊讶，而首先是应该服务于品牌营销的核心关键。比如，如何体现品牌独特性资产？如何巧妙地展示品牌名字，从而让顾客印象深刻？

第三步，争取做到持续不断的营销大渗透。许多新品牌失败的原因是还没有来得及在顾客心智中建立显著性，就已经中断了营销大渗透，导致好不容易建立起来的一点点记忆链接也消失殆尽。许多新品牌不能持续进行营销大渗透的原因，其实也并非只是因为预算，而是因为品牌创始人和操盘手以及背后团队不了解品牌增长的本质真相，不知道持续不断的营销大渗透对于新品牌的重要性可能比产品本身更为重要，而错误地寄希望于用自己优越的产品品质、品牌设计、品牌定位，或者差异化卖点来吸引顾客进行反复购买。其实顾客很难对新品牌有任何钟爱或喜爱，大多数的顾客压根都没听过新品牌，即便听过新品牌，也很难对知之甚少的新品牌建立起信任，何谈喜爱呢？

所以许多新品牌在中断营销大渗透之后，引起销量下滑，但内部依然不明白为什么销量下滑，仍然在盲目地责怪新品开发团队或者是品牌广告团队，其实这是一种误解。大多数新品牌失败的原因是没有持续推广，没有拉新。

第三，新品牌如何开拓渠道。现实中，对于新品来说，渠道大渗透的作用可能大于营销大渗透的作用。实战中经常会看到许多新品牌没有进行所谓的营销渗透，而仅仅是通过开拓渠道就已经获得了第一步的快速增长。许多营销出身的品牌创始人和操盘手可能更擅长营销而不擅长渠道，在操盘新品上市时，也会盲目相信营销的力量，结果造成渠道开拓不利、渠道便利性差等问题，从而影响了顾客购买，导致销量难以上升，进而难以支撑下一步的营销推广，进而形成恶性循环。

所以在新品牌上市初期，首先要做的就是吸引足够的初始销量，以保证能够获得下一步营销渗透的基本保证金。而如何去吸引足够的初始销量，往往是要从品类的重度顾客和身边的种子用户开始，并开拓渠道资源。其次是基于这些初始的销量进行面向中度和轻度品类顾客的营销大渗透和渠道大渗透。

总之，新品上市是非常不容易的过程，并没有我们想象中那么浪漫与振奋。许多抱有情怀和浪漫主义幻想的品牌创始人和操盘手往往会在新品上市后面临巨大的打击，这还是因为不了解品牌增长的本质驱动力是大渗透，而非所谓的匠心、品质、产品等。

新品制胜的六大技巧

新品牌上市往往被寄予厚望，但失败的新品牌也比比皆是。提早发现可能造成新品失败的因素，或许会帮助我们提前发现、解决问题，提升新品牌上市的成功概率。那么造成新品上市失败的常见原因有哪些呢？

第一，进错赛道。关于这个问题前面已经详细阐述，这里只简单阐述。许多操盘手可能会因为情怀或者资源，选择进入小众赛道，认为在小众赛道中面临的竞争相对较小。然而选择进入小众赛道，可能会面临品类本身的增长瓶颈，因为小众赛道的渗透空间有限。甚至等不到新品牌增长，整个赛道可能已经消失了。消失的赛道可能是传统的品类，也可能是新兴的品类。新兴品类受到宏观因素的影响很大，一旦宏观因素变化，极有可能影响它们的存亡。

第二，没有持续进行大渗透。这是最常见的失败原因。许多新品牌受限于预算、精力，或者认知不足等其他方面，可能会突然中断大渗透，而丧失好不容易建立起来的一点点顾客认知和渠道便利性。实战中，可能 80% 新品牌上市失败的根本原因，就是缺乏持续的大渗透。

第三，低效的大渗透。这也是常见的失败原因。许多新品牌虽然看似在进行营销大渗透和渠道大渗透，但效率过于低下，可能是因为缺乏品牌独特性资产，导致曝光多次但顾客依然还是很难记住；也可能是因为未明确告知顾客到底能提供何种品类价值，顾客很难了解品牌到底是做什么产品或者提供什么服务的；而更大可能的原因是反复触达同一群重度品类顾客，没有触达更大规模的新顾客和轻度品类顾客。

第四，产品本身的问题。造成产品问题的原因，可能是品质问题，也可能是包装不够显眼，也可能是价格问题。价格过于高的品牌往往一开始很难打开市场，尤其是在消费能力不高的大众市场，一开始就盲目上高价产品其实是一个危险的选择。在两种情况下，高价产品可能突围而出：第一种，新品牌其实是源于某个价格更高的母品牌，受益于原本价格更高的母品牌，相对价格较低的新品牌虽然对比其他同品类价格较高，但依然会让顾客产生"物超所值"的高性价比感觉。第二种，为高价新品牌进行强度更高、价值感更高的营销大渗透和渠道大渗透，打消顾客对新品牌高价的疑虑。

第五，团队问题。这也是极为常见的问题。因为所有的品牌操盘和大渗透执行，都是要依靠团队来执行。新品牌的团队往往刚刚组建，虽然比成熟团队可能有更大的使命感驱动，但摸索、磨合、开拓的过程是艰难的。在新品牌上市的过程中，会出现各种团队问题，譬如团队合伙人分崩离析、投资人中断投资、团队能力不足、团队人力跟不上等，这些都可能会造成新品牌上市的失败。

总之，新品上市过程失败的风险很大，必须要围绕"大渗透"的品牌增长核心战略来进行不同层面的战术执行，建立品牌在顾客心智中的显著性和购买便利性，不断地进行拉新，获取新顾客群的增长和提升品牌的渗透率，最终获得品牌的快速和持续增长。

那么，作为品牌创始人和操盘手在推动新品牌上市的过程中应该如何避免上面提到的问题，增加成功的概率呢？笔者总结出新品上市的六个关键制胜技巧。

第一，要选择进入大赛道，慎重选择细分小众市场。在前面反复提到细分小众市场往往存在着市场空间有限、渗透规模受限制的问题，如果整个品类的市场空间有限，则很少能出现大品牌。

第二，选择市场份额最大的竞争对手来对标。许多品牌创始人习惯与定位类似的小品牌竞争，幻想通过一步一步升级的方式来获得品牌增长，但实际上按照顾客重合规律，每一个品类中的顾客都是相互重合的，而重合度与市场份额相关。份额越大，重合度越高，市场份额领先的品牌往往是顾客群规模最大的，每个品牌与它的重合度都是最高的，所以要瞄准市场份额最大的竞争对手来竞争，因为我们的顾客和这个市场份额最高的品牌可能最为重合。

第三，注意新品价格不能成为增长的障碍。许多品牌创始人和操盘手因为情怀，或是产品成本过高等因素，对新品牌的价格定位太高，导致顾客的尝试门槛相对较高，结果影响新品上市的成功概率。许多品牌同仁可能认为"自己的产品足够好，高价格也是高品质的体现，一分价钱一分货"，但其实对于顾客而言，新品牌往往在顾客认知中还没有建立知名度，顾客对新品牌所知甚少，也没有品牌信任度，所以不太可能理解新品牌的高价格。因此品牌人要根据实际情况来确定新品牌的价格。

第四，要重视新品牌独特性资产的塑造。品牌独特性资产是品牌大渗透的前提之一，没有独特性资产会很容易造成大渗透的效率低下，而独特性资产是建构顾客认知中对于品牌记忆链接的关键因素。所以一定要通过塑造独特性资产链接尽量多的顾客记忆切入点，要让顾客在更多的品类场合中想起我们，而非局限一个记忆切入点。

第五，要持续拉新。新品牌和成熟品牌一样，要进行持续拉新，不断提升品牌在新顾客和轻度顾客中的渗透率。即便在做私域流量运营的时候，也要注重老带新，而非仅仅关注忠诚老顾客。在进行营销大渗透的过程中，一定不要反复触达同一批顾客，而要不断触达更多的轻度顾客与新顾客。选择媒体组合的时候，也要注重媒体组合之间要相互补充，而非相互重叠，避免面对同一群小众顾客在反复渗透。

第六，保持持续不断的大渗透投入。正如前面篇章反复提到的，新品牌失败的绝大部分原因是中断了推广和拉新，导致品牌无法触达更多的顾客群体。那么，即便品牌有精美绝伦的设计，产品也匠心独特，仍然无法让更多的顾客知道我们的品牌。现实中很难出现仅靠产品就能主动吸引来大量顾客群体的品牌。

总之，新品牌上市是一个"九死一生"的过程，是一个综合系统的品牌操盘过程。品牌创始人、操盘手和团队必须要尊重品牌增长的基本客观规律，要回归顾客层面了解顾客购买的本质真相，而非仅仅执着于品牌创始人自己的情怀和感性认知，以及过往的碎片化品牌经验。

多品牌管理之难

作为品牌人还需要考虑，如果决定创造新品牌，该如何进行多品牌管理？

许多企业都面临多品牌管理的棘手问题，一个品牌的成功能够迅速复制到其他品牌上吗？从理论上讲，如果品牌操盘的条件和团队相似，则极有可能被复制。但现实中，到处都是单一品牌成功，多品牌失败的案例。为什么会出现这类问题？

第一，每一个品牌都是独立的增长过程。品牌与品牌之间除非是有独特性资产方面的关联，否则很难互相借鉴，也很难互相复制成功模式。每个品牌成长的时代环境、媒介环境、顾客需求、渠道环境等可能都不相同，很难简单地相互复制。

第二，现有品牌的成功因素可能是新品牌的失败因素。许多品牌创始人和操盘手从过去的操盘实践中总结出来的成功经验，有时会让他们产生骄傲自满情绪和轻视心理。比如，传统线下渠道品牌非常善于利用线下渠道大渗透的方式，但是在面临新的线上营销和渠道环境时，就很难照搬之前线下渠道的成功经验，相反会受制于过往的思想壁垒。现实中常见的情况是成功的品牌创始人和操盘手特别执着于自己过去的成功经验，迫使新的品牌操盘团队按照自己的老思路进行执行，使得新团队束手束脚，很难发挥应有的价值。

第三，多品牌管理往往会涉及资源之间平衡和匹配的问题。对于资源的平衡和匹配，如果在企业内部没有一个客观专业的衡量标准，就极有可能出现"会哭的孩子有奶吃"的情况，以及大品牌拥有更多资源，新兴的小品牌拥有较少资源的情况，这就会造成新品牌成长艰难，甚至还没有来得及证明增长潜力时，就可能已经在企业内部宣告失败。

那么，多品牌管理应该注意什么呢？

第一，建立专业的团队。必须要为多品牌运作提前准备支持团队，以及相应的制度、体系。宝洁、联合利华等相当成功的全球企业为什么能够基业长青？并非源于单一品牌的成功，而是源于多品牌的成功。

宝洁的传统品牌在市场上的渗透率和市场份额，并不一定处于领先的地位，也并不一定处于非常高效的增长模式，反而是一些新兴品牌，在扩大渗透和提升市场份额方面占据领先地位。横向来看，宝洁旗下的所有品牌在市场上的渗透率比其他企业的渗透率远远要高。正是因为宝洁对多品牌管理极为成功，才会让它不太会受单一品牌失败的因素影响。本质上企业创造新品牌一方面是为了满足新的顾客、渠道或市场需求，另一方面是为了规避单一品牌的失败风险。

第二，了解品牌增长的本质。许多快速增长的单一品牌其实并不太了解自己为什么会突然成功？许多失败的新品牌也不了解自己为什么会失败？这些品牌在开发新的系列或品牌时，没有将科学规律作为引导，而只是通过过往的经验教训进行新一轮的摸索，导致侥幸的成功和大概率的失败。

总之，无论是单一品牌或是多品牌，摆在每个品牌面前的增长任务是一致的——大渗透。每个单一品牌都要从 0 到 1 进行品牌的营销大渗透和渠道大渗透，从而在顾客心智中建立心智显著性和顾客的购买便利性。

小　结

这一章，我们主要围绕创新的话题，讨论了新品牌上市失败的原因和制胜的关键，新品牌与新系列的选择，新品牌上市团队构建等问题。

要注意的是，创新不是目的，创新只是过程。假如创新不利于品牌的增长，那么就要适当地放弃或调整。品质也同样不是目的，不要盲目地追求百分百完美的产品品质和高端品牌形象，一定要基于顾客需求，不要超越顾客的需求盲目追求品质完美。

第十一章
品牌大渗透的挑战与趋势

营销和渠道面临的新挑战

伴随着传播方式越来越碎片化，需求也在不断变化，品牌在营销大渗透层面面临越来越多的挑战，包括来自顾客层面的挑战，来自传播渠道变化的挑战，来自流量碎片化的挑战，以及来自口碑层面的挑战。这些挑战都不同程度地影响了品牌营销大渗透的规模和效率。

顾客层面的挑战。大渗透的主体主要为"Z世代"（最新一代）的新顾客群体。当前的"Z世代"是指"95后"和"00后"。当下，大多数品牌面对的主要顾客群体都在经历从"70后""80后"到"95后""00后"的转变。不同时代的顾客群体在消费心理和消费行为上存在一定差异，习惯上也迥然不同。许多研究文章总结了"Z世代"新顾客群体的若干特征关键词：有钱有闲、互联网原住民、国际化、圈层化、丧文化。虽然这些特征并不能代表全部的"95后"和"00后"顾客群体，但是关于"Z世代"新顾客群体的底层逻辑特征是相通的，因为这一群体都是伴随着互联网长大的一代人。

这都对品牌营销渗透提出新的挑战——内容方式上应该如何变化？媒体投放组合上应该如何匹配新顾客？这些挑战主要集中在以下几点：

第一，新顾客群体对"权威"的认知在变化。新一代年轻人不太会追捧"传统权威品牌"，他们不喜欢被推送广告和被教育应该购买什么。他们挑战传统权威，不羡慕也不崇尚过往的权威人物。

新顾客群体的话语方式发生变化。新一代年轻人与老一代品牌人喜欢的话语方式迥然不同。年轻人喜欢的"自嘲自黑"，可能会被老一代人认为是"随意、不正经"；

而老一代品牌人喜欢的"鸡汤帖"，可能被年轻人嘲笑为"自我感动"。

新顾客群体的话语内容发生变化。年轻一代话语体系的变化，也带来了内容体系的变化，这种体系更迭的速度也在变快。一周前的流行内容，再过一周，可能就变成了"老梗"。

新顾客群体的话语媒介发生变化。年轻一代更善于使用新媒体形式，而且不只使用一个，这就对营销大渗透的规模产生很大挑战——如何才能通过不同的媒体平台和方式，触达更多的新顾客和轻度顾客？

第二，碎片化的环境挑战。当下以及未来营销大渗透面对的整个市场环境与媒体环境与以往有所不同，其中最为明显的变化是碎片化，尤其是在中国市场——不仅媒体的数量远远超过以前，而且不同媒体占据顾客时间的长短（媒体的市场份额）也在不断变化。顾客注意力被诸多媒体平台瓜分，如何触达顾客和抓住顾客的眼球对于品牌而言挑战巨大。

碎片化对于营销大渗透的触达面有极大影响。同样一笔营销大渗透的预算，放在以前的触达率和覆盖面可能是50%，而现在的触达率可能仅有5%。许多品牌同仁寄希望于找到流量洼地，利用小预算来触达到更多顾客群体，或者通过口碑爆棚来促进高转化，其实这是可遇不可求的。在过去，小预算来撬动大渗透的成功概率也许是1%，而现在以及未来的成功概率可能降至0.001%。

第三，口碑效应的挑战。在前面已经探讨过口碑效应的影响并不如我们想象中那么大。但不可否认，随着社交媒体的发展，当下大众口碑的影响越来越大，稍有不慎就会引起口碑反噬。没有品牌不担心负面口碑，所有品牌都担心自己花了上千万好不容易累积的品牌在一夜之间因为一个负面口碑而损失惨重。现实中，与其说是负面口碑影响品牌，不如说是品牌对于负面口碑的错误反应或者过度反应更影响品牌。

总之，如上这些方面对于扩大和提高品牌营销大渗透的规模和效率来说都是挑战。让品牌不得不重新思考如何利用媒体触达更多新一代的顾客群体，如何利用新的内容方式打动他们，如何建立他们脑海中的心智显著性。

和营销大渗透一样，渠道大渗透在当下及未来也面临三大挑战，分别是渠道越来越分散、渠道下沉、渠道冲突。

第一，多元化的渠道趋势。当下的渠道越来越多元化，除了传统的线下渠道，线上渠道越来越多样：在传统的电商渠道之外，新兴的社交电商渠道如火如荼；在国内渠道之外，国外的渠道也越来越多。这些渠道趋势对于品牌来说都将是很大的挑战。

第二，下沉渠道的发展。从2018年开始，下沉渠道就成为行业中的一个热门词。许多一线城市的品牌开始注意到，在下沉市场还有数量如此庞大的顾客群体。这些顾客群体也有消费升级的需求。如何抓住下沉市场的顾客群体？如何开拓这些下沉渠道？如何管理这些渠道？对品牌而言都是挑战。

第三，渠道冲突越来越明显。不仅是线上与线下渠道之间存在冲突，线上渠道中的不同平台之间也存在冲突。每一个平台都期望品牌所给予自己最佳的条件，在自己平台上的销售价格也是最优惠的。尤其是当下许多品牌在开拓网红渠道，而网红渠道往往要求品牌全网最低价。因此，不同渠道之间的价格差异容易造成渠道之间的冲突。渠道之间的冲突则有可能导致渠道下架产品或者减少支持，影响品牌在渠道端的触达率。到底如何化解渠道之间的冲突？这不仅涉及对多元渠道的深刻理解，而且涉及内部团队的资源分配与精力管理。

面对渠道端出现的挑战，本书提供一些战略层面的建议。

第一，坚持渠道大渗透的核心目标。无论是进驻多元化渠道还是选择单一渠道，都要坚持以大渗透为核心目标，努力触达更多的新顾客和轻度顾客。不应该因为渠道定位与品牌定位不相符，主动限制开拓渠道的范围。因为渠道之间也存在顾客重合规律，所以在面对多元渠道选择的时候，应该优先考虑那些互补的渠道。

第二，增进渠道中品类的显著度。无论是单一渠道还是多元渠道，一定要想尽办法增进品牌在渠道中的显著度。对于新兴品牌而言，与其进驻多元化的渠道而没有显著度，不如努力耕耘单一渠道提升显著度。

渠道的显著度往往与品牌的市场份额息息相关，市场份额越高的品牌在渠道中也相应享有更高的渠道支持力度，从而使得品牌有更高的显著度。所以对于品牌而言，无论什么时候，都应该努力提升自己的品牌销量。在单一渠道的市场份额领先，也会为品牌进驻其他更多渠道提供背书作用。

第三，利用品牌的独特性资产。品牌的独特性资产是为了增加品牌在渠道中的显著度。在不同渠道中，要保持品牌独特性资产的统一性。尤其在进驻不同渠道，采取不同的子品牌或子系列的过程中，品牌独特性资产发挥的最大作用就是激活顾客已有的品牌记忆。不管是新的子品牌还是子系列，顾客都会天然地联想到母品牌，因此新品牌新系列会受益于母品牌的独特性资产。

第四，用新品牌或新系列解决渠道冲突。不同渠道之间存在一定的利益冲突，这时品牌可以采用推出品新产品规格、新系列或新品牌等多种方式解决潜在的渠道冲突。同时，在进入下沉渠道时，也要深入洞察下沉渠道的顾客需求，不一定要采取一成不变的产品形式，可以采取适合下沉渠道的产品形式，比如新的包装形式、新的规格、新的价格。

许多品牌同仁都会担心进入下沉渠道会不会影响自己的品牌形象，其实大可不必担心，因为不同渠道的顾客群体其实并不互相冲突，也有可能相互重合。并且品牌应该关注的不是"形象"这样的中间指标，而是品牌增长的终极指标。驱动顾客购买的要素并没有我们想象中那么复杂，他们并不会太关心品牌是否"高端"，强大的品牌心智显著性和购买便利性是让顾客选择购买的最主要原因。如果担心自己的品牌高端形象受到影响，也可以采用新品牌进入下沉市场。

总之，渠道虽然面临一定程度的战术挑战，但是"大渗透"这个战略层面是不变的。对于品牌而言，依然是不断地提升顾客在渠道中的购买便利性，包括提升曝光度、相关度与显著度。

无论时代如何发展，营销和渠道如何变化，品牌始终要围绕大渗透这一核心战略来开拓。

品牌 IP 化的新型方法论

一个品牌，无论处于哪个增长阶段 IP 化都是必要的。因为品牌 IP 化会带来三大价值——刺激大渗透的效率、中和偶尔的创新失败、预防品类消退危机。

第一，刺激大渗透的效率。品牌 IP 化以后，会使顾客大脑认知层面的记忆链接更加显著，更方便顾客记忆品牌。同时，IP 形象本身也是品牌的独特性资产之一，有助于提升品牌在营销大渗透以及渠道大渗透中的显著度，方便建立品牌统一、持续的记忆关联。除此之外，品牌 IP 化之后还会让某些重度品牌顾客产生更为正面的反馈，从而产生更为正面的口碑，在一定程度上增强品牌大渗透的效率。

第二，中和偶尔的创新失败。其实创新失败对于大多数品牌而言是经常会遇到的情况。IP 传递的人文情感，可能会让顾客从认知层面包容这种偶尔的创新失败。另外，品牌在短暂创新失败后，如果开始新的创新，有 IP 的加持，可以通过提升品牌营销大渗透和渠道大渗透层面的新品显著度，再次在顾客脑海中植入品牌。

第三，预防品类消退危机。IP 是可以跨越品类使用的，不一定局限于某一品类。如果品牌的品类正在衰退，可以通过 IP 化的方式来进行品类延伸，一方面减少顾客对于品牌延伸新品类的认知排斥，另一方面可以尽快建立品牌在顾客认知中的新品类记忆链接。

总之，IP 化对于品牌增长的价值巨大，但如何理解 IP、塑造 IP、防止 IP 崩塌，需要理性专业地看待。

第一，IP 不等于标志，也不等于人格化 IP。很多品牌会设计一个卡通形象，然后将其当作 IP 进行宣传。但其实 IP 的核心并非形象，而是一种文化内涵。这个文化内涵会引发顾客超越品牌本身的联想与认同。若一个标志没有太多文化内涵，不能和顾客的认知、情感发生关联，那就只能是一个图案。比如三只松鼠火了以后，很多生产厂家都在模仿，做了各式各样的卡通老鼠、卡通牛……但真正能让人记住、联想、认可的 IP 品牌，少之又少。

IP 的核心是文化内涵，而当这种文化内涵与人的基本价值观或者性格、喜好等人格相联系时，就可能成为"人格化 IP"。人格化 IP 能引起人们心灵深处的精神共鸣。无论 IP 本身的形象是动物、植物、虚拟符号，还是真人（譬如创始人），都可能成为人格化 IP。因为人们内心深处认可的是内含的精神和文化，而非外在形象。

第二，打造品牌人格化 IP 时，要注意提炼内涵关键词。许多成熟品牌一般都是自带人格的，只是自己没有发觉而已。这种人格气质往往是由于企业内部文化，企业长期以来的对外宣传，以及外部顾客反馈，共同形成的一个通用认知。比如人们提到华为，就有一种"坚持不懈奋斗者"的联想。这是因为日日在我们身边活跃的华为人，以及媒体对华为的报道，创始人个人的气质，都在传递这样的信息。所以，基于这种联想，华为如果想要做个显著的人格化 IP 形象，就相对容易。

新品牌或者尚未有明确人格的品牌想要塑造人格化 IP 就需要提炼品牌的内涵关键词。在提炼内涵关键词时千万不可假想一种人格。其实人格是很难生搬硬套的，一般都是基于品牌天然基因、创始人风格，以及企业文化。如果生搬硬套，未来很大概率会崩盘，因为人不可能永远伪装自己，品牌也是如此。塑造人格化 IP 不是必须要做个卡通形象，也不是必须要创始人出马，也可以维持原样，就用原有的品牌独特性资产比如标志来实现。

第三，IP 是品牌独特性资产的一部分。正如前面反复提到的，品牌独特性资产的形式多种多样，刺激顾客大脑的不同的认知区域。IP 也是品牌独特性资产的一部分，顾客也会通过 IP 来辨识品牌，而非仅仅停留于喜欢或者感动。所以在设计 IP 时，要充分参考品牌独特性资产的衡量标准。要善于利用 IP，让 IP 首先发挥好品牌独特性资产的作用，再考虑其是否美观、是否有创意等。

第四，对 IP 进行营销大渗透和渠道大渗透。品牌独特性资产的使用原则是"用进废退",既然设定了IP,就要在营销终端和渠道终端全方位落地。

第五,规避人格化IP崩塌风险。互联网时代,人格化IP的崩塌速度远超想象。形成一个人格化IP可能需要长达10年的时间,但崩塌会是顷刻间的事情。品牌设立创始人IP前,一定要提前想清楚各种后果,并提前学习"品牌人格IP的可持续性科学管理"这套管理办法适用于企业品牌、城市品牌、公益品牌,以及个人品牌等不同的品牌类型。因为不仅企业会遇到问题,城市、公益、个人品牌更容易遭遇各种IP崩塌和负面舆论。

什么是品牌人格IP的可持续性科学管理?传统的IP策划,只考虑IP的内涵、营销、商业价值延伸,但缺乏对IP整个生命周期的预见与管理,当然这也不能怪IP策划者,主要是时代变化太快、消费者变迁速度远超过品牌策划能预期的范畴。

第一,设立品牌人格IP要考虑IP的全生命周期。如IP当事人或者虚设的品牌人格,有不可控的或任何容易引起争议的因素,就要未雨绸缪,尽量避免这类因素引起的后期风险。甚至要避免设立与人的品性、价值观相关的属性(比如诚实、善良、努力、坚持等),只讲专业的或者不涉及品性、价值观的属性。

第二,IP话语体系要与用户的话语体系一致。要深入洞察目标用户的话语体系,用他们能听得懂的逻辑,来阐释品牌的思想,传递品牌的信息。比如许多企业家围绕"996"在网上发表言论,引起许多网友的负面评价,虽然企业家的发言看似是真诚、平易近人、情感充沛,但为什么会引发如此多的负面评论?因为"站位错了",自上而下的领导式关怀语气更容易激起年轻人的反感。这并非说内容错了,而是语气和身份感让年轻人不舒服。现在的年轻人大多不信奉也不惧怕权威,不喜欢大道理和过去的故事,也比较不在乎后果和代价。

当然,有时老品牌如果实在融入不了年轻人的话语体系,也可以建立"反差萌"的人设。其实年轻用户比老一代更为包容,只要你足够真诚,哪怕你的世界和他熟悉的世界不一样,他们都很乐意接受和包容,甚至会觉得你有一种反差萌,会为你这个"不太一样的小可爱"而买单。

第三,建立人格IP时,要管理好企业家个人行为。很多企业都会建立自己的企业家人格 IP，其实，这是非常危险的。西方很多百年企业经久不衰的原因就是以企业科学管理制度替代"人治"，减少了不可控的人格因素的影响。因为企业家一旦陷入自我权威的迷信，就免不了忽视社会的基本运行规则，藐视普罗大众的喜怒哀乐，进而就可能"乱说话"。这并不一定是内容有错，而只是不一定符合当下时代语境。在社交媒体高度发达的今天，任何官方"人设 IP"都需要有全盘整套的市场发展规划，高管的对外言论发布也应该作为品牌建设的重要一部分。

第四，构建全员营销矩阵。传统品牌营销只强调品牌单一发声。当下社交媒体兴起，又增加了所谓的官方渠道，以及品牌 IP 渠道。但言论的出口依然还是单一的。假如这次"996"的言论发表之后，有几个内部或外围人士或者企业，能从客观专业角度解读一下，引导一下舆论，可能对企业的口碑损失会小一些。

总之，在当下时代，每个企业或者品牌都应该思考，不要只依赖一个官方渠道自说自话，而要构建全员营销矩阵，并配合外部第三方口碑，形成层次更为丰富的营销渠道矩阵。在关键事件上，不仅发动内部，还要借助外部第三方，让不同层次的 KOL 和普罗大众帮助发声，这不仅是公关行为，也是一种营销势能累积的铺垫。

品牌 IP 化是一条必经之路。在塑造 IP 时，首先要知道 IP 的基础角色是品牌独特性资产，其次才是人格化等感性价值。并非所有品牌都要塑造人格化 IP，如果需要塑造人格化 IP，则一定要尽量将风险前置，提前预设应对措施，并预备和演练团队，一旦有任何危机，方可淡定处理。

不同发展阶段的增长策略

现实中，不同品牌的发展阶段不一样，遇到的增长问题也不一样。新兴品牌往往面临的是刚建立品牌，没有太多资金和人员进行大渗透；发展中的品牌已经有一定规模，面对的问题是如何才能更快速增长；成熟品牌面对的往往是如何持续稳住品牌市场份额；衰退中的品牌面对的则是如何才能挽回颓势。

下面来探讨一下品牌在不同阶段的不同增长模式。

阶段一，从0到1品牌起步期：单点突破、单一大渗透。

品牌初建时的战略侧重单点突破，单一大渗透。战术层面要根据品牌所拥有的资源条件选择不同的战术。比如，有的品牌创始团队是"渠道出身"，拥有相对丰富的渠道资源，那么自然就会选择"渠道大渗透"的战术。传统品牌往往是起源于经销商，拥有传统渠道的优势，而新兴品牌很多是起源于代理国际品牌的电商，所以更善于利用新兴渠道。有的品牌创始团队是"营销出身"，拥有相对多的市场经验，那么就会倾向于"营销大渗透"的战术。比如，品牌人来自"小红书"，就会选择"小红书"的营销模式；或者品牌人来自"B站"，就会采用"B站"的营销方式。有的品牌人是区域出身，拥有相对集中的区域资源，那么就会优先利用区域渠道优势和区域熟人口碑优势，建立自己的品牌，然后再谋求向全国扩张。

总之，无论哪种路径，受预算、精力、团队等限制，大多数新兴品牌只能集中优势兵力做单点突破的"大渗透"。当然，如果是有大量资金背景的新品牌，则一定不要局限自己的大渗透范畴，不要错失触达更多顾客群体的机会。

实战中，还有一种想要创立自己品牌的人是OEM（Original Equipment Manufacture，代加工）出身，他们往往拥有强大的供应链优势，但缺乏营销资源、渠道资源，这些人创立品牌的成功概率参差不齐。假如是大工厂，往往会有阿里、京东、拼多多等大渠道主动找上门，要求合作创造新品牌，这时会有别人来替你做大渗透，而你只做好产品就行。但如果是小工厂或者个人独立研发，往往就不太乐观。

当下，每一种渠道几乎都能生长出来新品牌，比如，内容电商，当下最流行的渠道方式，诞生了不少网红品牌与新网红品牌；传统电商渠道，依然是主流渠道，诞生了不少飞速增长的年销售额上亿元的新品牌；传统线下渠道，虽然许多人都不看好，但线下的传统零售渠道也依然诞生了不少年销售额上亿元、上十亿元的品牌；另外，微商、代购、社群电商，这是5年来最夸张的一个渠道，强势资源渗透渠道（如加油站渠道、便利店渠道、国企团购渠道），这些渠道都诞生了许多成功品牌。

所以，渠道没有好坏之分，因为任何渠道都可能是好赛道，只要品牌创始人和操盘手能够围绕"大渗透"的基本增长策略，有靠谱的执行团队，有持续不断地投入，不让产品与品牌品质拖后腿，都可能取得品牌增长。

阶段二，从1到100品牌飞跃期：面面俱到、双渗透。

在品牌已经有一定市场份额后，比如年销售规模超过1亿元，就更要加快增长速度，这个阶段也是最容易增长的阶段。在这个阶段不能抱有侥幸心理，认为继续只靠"单一大渗透"还能持续增长，而应该"面面俱到""营销+渠道双渗透"。

现实中，市场份额越大的品牌，越要重视保护好不容易积累起来的品牌显著度，否则就会丧失品牌在顾客认知层面的竞争优势。同时，当下市场的竞争环境变了，10年前，市场竞争态势相对稳定、竞争对手能力参差不齐，留给品牌很大的缓冲空间慢慢发展，许多品牌可以利用自己的信息优势，或者单一能力优势，保持较快的增长速度。但今天，竞争环境变化的速度越来越快，品牌生命周期迭代速度也在加快。最关键的是，竞争对手都一样聪明努力，想侥幸靠单一渠道增长或者单一营销大渗透增长，非常困难。

最可怕的是，一旦速度慢下来，再追赶就相当吃力。这也是为什么最近这几年，许多传统品牌突然就衰退的原因。它们太依赖传统渠道和传统竞争思维，还以为市场会给机会，还在内部开"鸡汤动员大会"，没想到竞争对手早就四面开花，通过扩大渠道、扩大营销，刺激渗透规模，占领了更大的市场份额。所以，不是品牌想不想的问题，而是到了这个阶段，不得不开始快速、全面的发展，做好营销和渠道的双渗透。

另外，在大渗透的过程中要坚持塑造品牌独特性资产。现实中常常出现一个有趣的现象——很多企业家或品牌创始人和操盘手，一旦发现品牌稍微增长，就比较痴迷于"品牌升级"，认为自己的品牌一定要升级，要提升品牌形象和附加值，要对标国际高端品牌。这时一定要注意，假如你的品牌在过去增长很快，且已经占领了一定规模的消费者的心智，就更不要轻易随意变化品牌独特性资产，否则很容易丢失好不容易积累起来的品牌心智显著性和购买便利性。除非你的品牌有相当雄厚的预算，可以重新打造新的品牌独特性资产，否则就要保护好现有的品牌独特性资产。

除了独特性资产的塑造外，还要持续不断地投入大渗透。很多品牌创始人和操盘手在品牌增长一段时间后，认为已经建立起了品牌心智显著性，所以中断了营销投入，结果用不了多久顾客就把自己抛之脑后了。也有很多品牌太依赖单一渠道，而且比较享受在熟悉的渠道中深挖潜力。结果是，没过多久渠道就衰退了，销量也因此减少，而新渠道的竞争对手也比以往多了许多，错过了开发新渠道的最佳时机一倍。所以越是成熟品牌，越要持续不断尽其所能地投入大渗透。

阶段三，从100到50品牌衰退期：要么放弃、要么创新。

品牌衰退的原因大同小异，不外乎三种。大渗透问题——没有做好营销大渗透，或者渠道大渗透，导致顾客渗透率下降，整体市场份额下降；产品问题——产品质量问题或者负面口碑问题也会导致品牌缩水；品类下降或消失——有些传统品类随着时代变化在自然衰退。

假如品牌衰退是由于第三个原因造成的，可以选择放弃，重新创造新品牌。假如品牌衰退是由第一、第二个原因造成的，可尝试创新，包括产品创新和重新进行大渗透策略。

其实在这个阶段，最怕的是陷入"连败的循环"。首先，会丧失士气；其次，会造成内部纠纷和争执，追责与惩罚；最后，导致团队解散。总之，在品牌发展的不同阶段，要灵活运用不同的大渗透策略。

兴于大渗透，衰于品牌力

当我们观察近三年来某个行业的情况时，会发现一个明显的现象：品牌快速起步，往往源于大渗透，但到了一定阶段，又会遭遇边际递减效应，引发品牌力衰退的问题，而最终衰落的品牌，往往是遇到了品牌力和大渗透的双重问题。究其原因是品牌力不够扎实，导致大渗透的力度一旦放松，或减少或延缓流量支持，就会立刻出现销量下滑的现象。

第一，品牌的快速起步，往往源于大渗透。观察消费品行业尤其是美妆行业，无论是上一代的韩束、韩后、自然堂，还是新一代的HFP、完美日记、薇诺娜等，本质上的增长驱动力都是大渗透。区别只在于营销大渗透和渠道大渗透的不同方式，老品牌是靠线下分销渠道为主的渠道大渗透，结合电视广告的营销大渗透，而新锐品牌则是靠线上电商渠道为主的渠道大渗透，结合线上营销的营销大渗透，迅速获得了比老品牌更快的品牌增长率。

过去需要7～8年才能年销售额上亿元的品牌，如今只需1～2年就可以做到，2～3年就能跨越10亿元门槛。当然，跨越10亿元门槛之后，大家就基本处于相同的增长速度了。

从微观层面上看，就算同一批新锐品牌，擅长的大渗透方式也有区别。从营销大渗透层面看，2015—2016年靠微信起家的，2016—2017年靠小红书起家的，以及2017—2019年靠抖音起家的，其实各家都有各家的"撒手锏"，都有自己的擅长之处。从渠道大渗透的层面看，新锐品牌虽然表面看起来都是从天猫平台起家，但每一家都不止于天猫，都在拼命开拓新渠道，都有自己擅长的渠道策略。

总之，归结起来，虽然战术层面不太相同，但战略本质都是"大渗透"。投资人经常会挂在嘴边的"流量红利""渠道红利"本质上也是大渗透，以及渠道大渗透的策略重点是什么，或者一开始的突破点是什么，这就取决于每个品牌的自身条件和环境资源。

还有一个争议性的问题，在品牌发展的初始阶段，产品力和品牌力到底有多重要？如果在 10 年或 15 年以前，消费品行业还不发达，行业人才和知识水平还不够高，人们对于这个问题，基本是不清楚的，因为很少有人知道品牌是什么，好产品是什么，当年的一些创业者也基本采取简单粗暴的方法，直接模仿外企的品牌形象和产品，甚至连品牌名都模仿。直到两年前，整个消费品行业还是非常痴迷于营销和渠道的流量红利，虽然也会谈产品和品牌，但毕竟不是主流。

而这两年，随着流量红利越来越少，趋势又走向另一个极端。许多市场部出身的同行，可能会"过度重视"品牌和产品，所以每天拼命地琢磨设计。而许多不懂品牌的投资人也开始开口闭口将产品和品牌挂在嘴边，对被投品牌指指点点。毕竟，一般投资人谈营销和渠道更憷，还是谈谈虚无的品牌和产品更有话题。

但其实，无论是过度重视流量，还是过度重视产品，本质上都一样，都过于理论化，都是纸上谈兵。因为做品牌是一个综合性的、系统性的工程，并非在某一方面做到极致就可以，而要尽量保持平衡，在平衡的基础上，结合自己的优势尽量做到某个方面的极致。

总之，凡是没有进行大渗透的，即便品牌力与产品力再强，在客观上也无法触达更多消费者，从而无法增长壮大。凡是过度追求 ROI 和高效率的品牌，客观上也无法扩大顾客规模，小范围的高效率无助于大规模的品牌增长。

第二，品牌快速增长，往往是"指数级"的。理论上，随着品牌大渗透的投入和规模增加，很可能会因为达到了甚至超过了营销和渠道的"界值"，而刺激效率的提升。很多品牌在一开始投放时，只投放 50 万～100 万元，几乎很少有效果，就是因为还远远不到"营销界值或者渠道界值"。只有当规模足够大时，才会唤醒效率，让营销和渠道的大渗透效率达到指数级的增长。

所以，现实中经常会看到，消费品品牌从0到千万元再到1亿元的增长相对比较漫长，但从1亿元到10亿元的增长速度就极快。因为前者是"等差增长"而后者是"指数增长"。

但当品牌迈入增长的快车道时，可能看似什么都没有做，也能继续保持一定的增长势头。这就是规模带来的高势能优势，是达到增长界值之后的高效率体现，它会给予品牌一定的增长舒适期。在这段增长舒适期，品牌创始人、操盘手和团队往往搞不清楚为什么会增长，但就是在不断地呈指数级飞跃。这时，如果无法保持理智，就会"以果归因"，想当然地以为：

增长是因为品牌名字起得好！

增长是因为设计做得妙！

增长是因为价格带定得好！

增长是因为产品够优秀！

增长是因为口碑内容做得好！

……

这类错误归因会导致品牌迈入下一个危险关口。

第三，大渗透到了一定阶段，会遭遇边际递减效应。品牌增长到一定阶段，享受过刚刚过界值的快速增长舒适期后，就可能会逐步进入边际递减效应的阶段。这往往是因为品牌力不足。在品牌的整个生命周期中，在这个阶段，品牌力变得无比重要。因为大渗透基本都做到了，也基本到了帕累托最优，很难再提高。这时，品牌力的强弱对于大渗透的效率，就起到了至关重要的作用。

品牌力强则效率更高，边际递减效应的边际线就越远。这也就是为什么连网红KOL都喜欢推广品牌力强大的产品，而不愿意推广新品牌或者暂无品牌力的产品。因为他们知道，粉丝下单一半是因为自己的吸引力，另一半是因为产品的品牌力，以及在他们这里能够拿到更多的福利价格。品牌力越弱则销售成本越高。同样是找网红KOL，可能要花更大的价钱，才能说服KOL愿意推广。同样是进入零销渠道，可能要走更多弯路，耗费更多沟通成本，才能说服分销商愿意持续进货。但不存在一成不变的品牌力。品牌是需要长期打造、长期维护的。

第四，品牌衰亡，源于品牌力不足和大渗透不够。衰落的品牌，往往是遇到了品牌力和大渗透的双重问题，可以说是"屋漏偏逢连夜雨"。本来品牌力就不行，但一直未加重视，结果一旦大渗透不够，就会立刻反馈到品牌的整体增长速度上。这也是为什么许多传统消费品牌，一旦失去了渠道的支持和媒体优势，就会迅速下滑。

当然，也有品牌死而复生，这本质上还是因为品牌力扎实，比如 OLAY，就具有极强的品牌基础、产品优势，以及品牌资产。但像 OLAY 这样死而复生的品牌少之又少。大部分品牌还来不及反应，就已经被连续下滑的事实打击得一蹶不振，开始病急乱投医，譬如找定位公司，找广告专家，找渠道大师。一旦病急乱投医，往往就会因为各种内部自身变得谨慎，或者外部施加压力等原因，而进一步忽略大渗透，极端化地认为自己应该先把品牌力做好，先整顿内部，再去花力气做大渗透，这样反而会加速原本就虚弱的品牌的衰亡。

需要注意的是，品牌力的积累也要结合大渗透进行。所以，理性的品牌创始人和操盘手会在增长舒适期就提早做准备，夯实品牌基础，同时也不忘记大渗透，这样才能保证品牌的持续增长。

总之，品牌创始人和操盘手一定要警惕"纸上谈兵、过度夸大某一方面"的品牌言论。能够持续增长的品牌必然经历了九九八十一难的考验，必然具备相对系统的、综合平衡的能力，从产品，到营销，再到渠道，最后到供应链，甚至包括人才管理与财务管理的各个方面都做得很好。

小预算如何大渗透

许多品牌人都有疑问：小预算是不是难以做大渗透？如果可以，小预算如何做渗透？回答这个问题之前，需要先区分清楚"小预算"问题的真实程度，因为实战中许多品牌并非没有预算或者预算少，而是没有意识到品牌建设是需要持续不断地投入。要注意，这里的持续投入并非指"猛砸钱"，而是指要持续不断。大渗透品牌增长的核心，是要做到最大限度地渗透。

那么，小预算到底该如何做大渗透？下面列出一些可供参考的战术，核心是争取在最大范畴内的大渗透，触达更多的轻度顾客和新顾客，提升品牌的渗透率。

首先，可以尝试在重点平台单点突破。在实战中，单点突破是没有办法的办法，如果预算充足，就要以最快速度做最大范畴的"大渗透"，扩大规模，提高效率。单点突破的方法有许多，比如重点平台突破，在预算有限的情况下，可以在保持各个平台基本曝光的基础上，再进行重点平台突破。比如许多新锐品牌都在用小红书、抖音，或者今日头条、快手进行单点突破。

其次，可以尝试圈层渗透。可以针对圈层进行单点突破，譬如汉服圈、游戏圈、孕妈圈、健身圈等。每个圈层的话语体系不同，大渗透的内容、方式就要有所区别。比如 Dyson 刚刚进入国内市场时就采用了从妈妈圈层切入的圈层渗透方法，虽然预算小，但取得了很好的效果，1 个月内新品卖断货。

再次，可以尝试区域渗透。同样一笔预算，在区域市场进行集中爆破，比覆盖全国市场的效率更高。区域单点突破的原理，是在有限范围内进行集中力量大渗透。

最后，可以尝试跨界营销。跨界营销是一种激活私域流量的方式。但执行跨界营销要注意，除了创意层面的合作外，尽量要多争取一些流量层面、背书层面的价值。

总之，万丈高楼平地起，世间很少有品牌一开始就自带"巨额预算"，每一步增长都是靠实实在在的营销与渠道的双渗透。在有限条件下要做到尽可能的"大渗透"，比干等、抱怨没钱做渗透更有实际价值。

小　结

这一章主要探讨了品牌大渗透在未来的营销端、渠道端面临的新挑战,包括大渗透的顾客主体的变化、大渗透的媒介环境的变化,以及多元化渠道之间的冲突等,这些挑战对于品牌而言,更多的是战术执行层面的挑战,并不会影响大渗透的核心战略。品牌在任何时代、任何发展阶段都要坚持以大渗透为核心增长策略,要学会结合环境的变化来灵活调整大渗透的形式,但切不可迷恋形式或者创新,而忽略了品牌增长最本质的真相——大渗透。

另外,本章指出品牌 IP 化是未来的趋势,但如何利用好 IP 化趋势,也依然绕不开品牌增长的核心目标,首先要利用 IP 形成品牌独特性资产,其次要在营销大渗透和渠道大渗透的过程中反复使用 IP 资产。

第十二章
品牌大渗透的典型案例

舒肤佳：2 年净增长 10 亿元

本篇内容由前舒肤佳品牌操盘手在 HBG 品牌研究院的分享内容编辑而成。

很幸运我的第一份工作在宝洁，能够有机会操盘舒肤佳这样一个品牌，并且经历这个品牌从年销售额 30 多亿元增长到 40 多亿元的发展过程。从宝洁出来后，又有幸能够加入一家创业公司，目前正在不断地摸索和实践，探索品牌从 0 到 1，以及从 1 到 100 的增长过程。

"品牌增长 = 顾客的数量 × 客单价 × 购买频次"。HBG 品牌研究院的大渗透理论大家应该都很熟悉，里面有一个核心公式，即"品牌增长 = 顾客的数量 × 客单价 × 购买频次"。针对这个公式，我个人的观点是通过提价和加强连带可以提高客单价，通过促销和创造更多的使用场景可以让消费者提高购买频次。但客单价和频次这两个系数都很容易有瓶颈，而且任何增长不错的品牌，在客单价和购买频次这两方面应该基本上都做得不错，没有太大的显著性差别和提升空间。所以，真正能实现品牌增长的变量是顾客数量。

那么顾客数量来源于什么？顾客数量主要取决于新顾客的获取和老顾客的留存。在新顾客获取和老顾客留存这两件事情上，我的观点是，针对快速消费品而言，老顾客的留存固然十分重要，但个人认为老顾客的留存更多地可以交给产品体验本身。产品体验好，老顾客的留存自然会好。

消费品跟互联网平台不一样，互联网平台的体验需要不断迭代，但消费品相对而言是标准化的。新品的上市，快的三个月，慢的要两年，所以产品本身体验好，就会在市场上稳定流通很长时间。所以，老顾客的留存还是交给产品体验本身。

真正能够实现品牌增长的是新顾客的获取能力。很多品牌老化或逐渐淡出大家视线的本质原因是新顾客停止增长。一个品牌一旦新顾客停止增长，就会很快失去生命力。总之，只要停止获取新顾客，30年的品牌会衰退，3年的品牌也会衰退。

那么获取新顾客主要靠什么？我认为重点突破在于触达和转化。即"新顾客获取触达了多少消费者 × 转化率"。触达是充分性的问题，能让更多人看到，进而了解我们的品牌，转化是有效性的问题，看到之后，是否看得下去，是否记得住，乃至为其买单。

首先是触达的充分性。触达就是让更多消费者知道品牌，要甄别什么样的媒介渠道才有机会做到真正的放量触达，不要在放不了量的小渠道上纠结。

一线的品牌工作者应该都知道，在这个媒体信息碎片化的时代，如果做淘宝、抖音直播最好不惜搞定头部主播，做微信和小红书文章需要达到一定的量级，才会有一个爆发式的增长，这样才能做到更充分的触达。所以在触达这件事情上，重要的是如何选择合适的媒介渠道去放量。放量的基本逻辑是要遵循双重危机规律，尽量在有限预算的范畴内选择渗透率更大的媒体，因为只有渗透率更大，目标用户更多，才有可能放量，才有可能最终达成不错的投资回报率。

然后是转化的有效性。根据个人经验有四个层面的驱动因素可以考虑：独特性资产、投放场景、痛点问题、影响者。

一、独特性资产。解决的是沟通效率（让大家记得住你）的问题。想要让大家更容易记住，经常提到的是标志要大，产品要特别，颜色要醒目，卖点要有差异化，等等。这些是品牌的独特性资产，如果品牌没有独特性资产触达的时候效率会非常低，消费者不容易记住。

二、投放场景。解决的是看得进去的问题。是选择在什么时间、什么地点投放，让消费者更能够看得进去。不论是户外广告，还是电视剧剧情软植入、抖音直播，我们都需要考虑消费者在什么时间、地点看到广告信息，更容易接收。我们应该尽量多地模拟消费者看到广告时的场景，以便做出更准确的判断。

三、痛点问题。解决的是转化效率的问题。当我们在传播内容的时候，不管通过图文、视频，还是通过主播的"吆喝"。要把功能痛点非常显性地可视化地表达出来，把消费者实际生活中遇到的问题场景用具有感染力的方式表达出来，这样消费者才看得进去。痛点越直接，问题场景越普遍，效果越好。

关于这点，其实任何时代都一样。舒肤佳20多年前的广告就已遵循此道——一个男孩子准备外出约会打羽毛球，容易产生汗臭，但使用舒肤佳之后汗臭味有效地得到抑制，身边的女生都更愿意跟他接触。

四、影响者。相同的信息，不同的人传达，达到的效果必然不同。从以前的明星到现在各种直播主播，以及抖音和小红书上的KOL，到朋友家人口碑传播的形式，找到最能影响消费者决策的影响者，对于提高信息传播的有效性和扩大信息覆盖面都至关重要。

下面以我操盘过的舒肤佳品牌为例，帮助大家比较直观地理解上述观点。

在刚刚接手这个品牌的时候，我遇到了很大的挑战——品牌的渗透率在很长时间里连续下降。渗透率下降本质上意味着用户数量在减少。在公司前辈的指导下，我意识到，促销力度不断增加解决不了本质问题，想让扭转品牌颓势，一定要帮助品牌获取新顾客。获取新顾客，首先要确认获取哪些顾客，而并非获取所有的顾客。对于舒肤佳而言，优势在于家庭用户，而在家庭用户的主要购买决策者是妈妈。所以如何在年轻一代的妈妈中增加渗透率，是品牌保持持续增长的关键。

其次，通过增加媒体投放，触达更多消费者。我们考虑的第一件事是分析舒肤佳的媒体投放（传统广告）触达是否已经饱和，是否真正实现了有效触达。在对比公司内部其他的品牌及强劲的竞争对手时，发现还有增加的空间。在进一步增加触达的过程中，也遇到了很多挑战，一是没有更多的费用，二是备受质疑——品牌知名度已经很高了，再去做大面积投放到底有没有意义？所以当时，我们决定做一个小面积的投放测试，选取部分地区，增加这个地区的媒体投放率。

很多人好奇，对于连续的投放增加，钱到底从哪里来？其实是削减了促销上的费用。经研究，促销费用的增长并不能更持久地提高销量，虽然会带动那些追求促销的消费者，但毕竟打折并不能带动可持续的用户增长。所以决定把促销的费用节约下来进行媒体投放。三个月后，我们发现测试地区的市场份额显著领先于全国，测算下来投资回报率能够实现平衡。其实这就是大渗透所强调的——触达的充分性，后面自然也就推广到了全国。

再次，通过寻找用户痛点场景，大面积触达更多消费者。品牌讲的是除菌，使用的场景是洗手。在场景中，小孩子是一个比较有效的人群。父母对于小孩洗手习惯的养成非常重视，很多小孩子养成洗手习惯是在幼儿园，所以幼儿园是一个非常有效的场景，尤其是对于第一次接触和使用产品的消费者而言。

我们一开始仍然先做了局部测试，找了部分幼儿园，最终覆盖到上万家。我们让幼儿园老师播放品牌的动画短片——这种内容形式让小朋友更容易接受，同时分发样品和绘本，把样品和带品牌信息的绘本带给家长，也就促成了家长对于品牌的认知。

这个案例中要注意三个信息：第一是幼儿园这个渠道可以放量，每年有大量新入学的学生，所以可以持续放量，触达新用户。第二是场景，在什么场景下跟消费者沟通非常关键。幼儿园里小孩子学习洗手，对于除菌这个卖点是非常好的场景。第三是影响者，通过幼儿园老师和小孩子影响家长，这比直接影响家长更有说服力。小孩子潜移默化地唱出舒肤佳的名字，家长也更容易做出购买决定。并且每年持续在幼儿园里覆盖，幼儿园每年的小孩儿都不一样，都是新的家庭，因此实际上是在不断获取新的顾客，而且都是年轻妈妈，所以品牌就会不断地增长。

最后，通过寻找用户集中的媒介形式，大面积触达更多消费者。我们选择冠名综艺节目《爸爸去哪儿》。基本逻辑依然是新用户增长是品牌增长的根基。除了通过媒体放量，几万家的幼儿园放量，还有什么办法能够找到品牌的新消费者？

当时很多品牌都在做社交媒体，但是香皂这个产品的形式表现比较单一，很难在社交媒体有大的影响力。在找社交渠道的时候我们发现了一个很好的节目《爸爸去哪儿》。节目前一季的数据反馈，有6000万左右的UV（独立访客），绝大多数都是年轻妈妈，也就是我们的目标人群，所以这是能够充分触达消费者的投放平台。而冠名是很好的切入方式，虽然投入很大，但是回报更大。

选择冠名营销，最重要的是选对节目，节目一定要能够帮助品牌触达放量的消费者。然后就是解决痛点问题。同样是品牌植入，如果用很生硬的言语，效果肯定大打折扣。怎样才能更有代入感？一定要越真实越好！比如明星同款，做得越像是明星真的在用，消费者就越容易购买。同理，达人推荐也是如此。

冠名《爸爸去哪儿》时针对内容的真实性，我们并没有做很玄妙的东西，也不过多强迫导演，只确保我们产品曝光的次数。在确保曝光次数之外，确保情节是真实的自然流露，这样比写脚本，让导演按照脚本拍摄得到的效果更好。

我们还发现很多人会看一些花絮，而不一定有时间看完整的片子，所以每一集出来后都将节目里面的精彩画面进行剪辑，配合品牌内容，在网上"病毒式"传播，对进一步增加品牌曝光起到非常好的作用。

综上所述，舒肤佳 2 年内实现超过 10 亿元的增长，主要采用了三大措施：增加媒体投放，触达到更多目标消费者；抓住目标消费者比较集中的场景——幼儿园，大面积触达更多目标消费者；借助《爸爸去哪儿》，大面积触达更多目标消费者。

华润三九：从 0 增长至 50 亿元

本篇内容由华润三九市场部总经理于子桓先生在 HBG 品牌研究院的分享内容编辑而成，主要回顾总结华润三九从 0 到 50 亿元的品牌发展三大阶段，解读华润三九如何利用大渗透理论指导品牌增长，并深度分享未来零售行业商业模式的先机与洞察。

第一部分：回顾总结华润三九品牌增长的各个阶段

第一，起源：华润三九的诞生阶段。

华润三九的前身是三九医药，由原南方药厂药剂科主任赵新先先生在深圳创立，第一个产品就是三九胃泰。三九的来源是三九胃泰里添加的两味药，一味叫三岔口，一味叫九里香，取其前两个字，形成了三九的企业名称。令人佩服的是，起初他们就注册了"999"这个商标。这个由三个数字组成的品牌商标极具品牌独特性，这也是其后成功的一个先决条件。

第二，迅速发展：华润三九的营销创新阶段。

经过大约 5～10 年的发展，三九胃泰迅速占领当时的市场，这个阶段是华润三九的营销创新阶段。首先，在中央电视台做广告，当年的三九胃泰品牌广告是第一个在纽约时代广场上轮播的中文广告，当时这个广告的传播热度及影响范围远超现今微博的热搜排行榜。与此同时，香港维多利亚港以及中国几十个机场的塔楼上都投放了三九胃泰的大字，果敢大胆的广告投放在营销创新上掀起了营销界不小的轰动，也在传播触达方面取得了巨大的成果。

第三，新一轮增长：华润三九的并购重组阶段。

随后华润三九开始了一系列新产品推广，2004 年左右年销售额已达到十五亿元，

2005—2007年期间，进入华润整合999品牌的重组阶段，这个阶段整个销售相对停滞。2007年结束，年销售额才达到17亿元。2008年开始，再次进入新一轮增长期，直到去年非处方药总体年销售达到70多亿元，各个产品都获得了长足的增长，尤其是999感冒灵。

第二部分：实战解读大渗透理论如何让华润三九走上品牌增长之路

华润三九品牌接触大渗透理论，是从两年多前开始。起因是当时业内流行的一个说法——品牌忠诚度已死。这个说法对于当时的我们，以及众多一线操盘手而言非常有感触，因为现实中基于各大品牌的调研数据报告显示，忠诚消费者的比例虽然很高，但并不意味着销售额能够持续增长。从实战操盘的数据来看，这一说法更增加了大渗透理论的说服力。

第一，品牌忠诚度已死，轻度顾客才是品牌增长的核心。回到三九品牌自身，大渗透理论认为：轻度顾客才是品牌增长的核心，因此要吸引更多的人购买产品而非让重度消费者重复性购买。这一观点对于感冒药来说，其实不存在难点，大部分人一年中感冒的次数屈指可数，所以几乎不可能有重度感冒消费者可以反复地使用感冒灵。

面对三九胃泰这个品牌，我们曾有过一些幻想，认为品牌可能会存在一群忠实的消费者，会不停地使用三九胃泰。然而三九胃泰在2008年开展的一轮新推广发现，三九胃泰能从年销售额2亿元快速增长到5亿元，真正的驱动因素依然是新的消费者源源不断地加入，也就是有更多的消费者使用三九胃泰，这才是品牌成长的核心原因。所以，在那之后，对于999感冒灵，我们考虑的也是如何让更多的人来使用。

品牌忠诚度已死的观点，在大渗透理论中解释为消费者总是"花心"的，消费者总是会在几个品牌中来回转换。所以，如果你施加消费的刺激不够或者你的品牌缺乏独特性，他们就会迅速使用竞争对手的产品，最终放弃你。在三九正天丸产品的运营中，就发生了类似的问题。

事实上，消费者用以解决头痛问题的可以产品或是品牌有很多，如果某个品牌不能持续施加影响力，那么即便销售上升，也可能很快走向下滑。有的时候我们会简单粗暴地总结为药品的疗效不够好，但深入分析，原因在于没有做好持续的和有效的营销大渗透。

第二，从消费者心智出发，构建品牌大渗透。在999感冒灵十多年的成长过程中，我们发现另外一个重要的点就是消费者总是喜新厌旧，或者说消费者的心智总是会因为不同阶段形成的不同常识而发生改变。

举个例子来说，2000年左右，最流行的感冒药可能是速效伤风胶囊、新康泰克或者是感冒通这一类西药药物。后来大家发现西药对病毒的作用不是很明显，反而中药会对病毒有一定的抑制作用。在此之后连续发生的一系列病毒类疫情，导致消费者对于药物的偏好发生变化。最终从原先认为西药能让感冒快速好转的固有认知转向了中药的效果更好更快的新认知。

所以999感冒灵在2002—2003年决定重点推广颗粒剂型，这样的物理属性正好迎合了当时消费者心智变化的特点，这是年销售额达到20多亿元的一个非常重要的原因。

最初，我们一直坚定采用差异化定位战术，将999感冒灵定位为中西合璧的特殊品类，希望建立特别的品类，主打"中西药结合，疗效更好"，然后通过这种方式产生品牌的关联性。2002—2006年在中西药结合这个方向上，999感冒灵做了各种各样的广告和推广，进行了较大范围的投放。但实际的调研结果显示，从物理属性角度把999感冒灵的颗粒剂定义为中药，效果不是特别好，可以说跟消费者的心智变化、常识有点背离。所以2006年之后，从"暖暖的，很贴心"角度去讲治疗感冒，反而让999感冒灵具备了更多的独特性，让感冒灵的物理属性与消费者心智得到较好地契合，最终获得更好的销售回报。

有时候我们会对品牌有一些过高的幻想。从价值联想方面看，这个品牌是代表快乐、代表着自信，反而忘掉了它向下和消费者连接的根基。

消费者碰到问题的时候会联想到许多的品牌，于是产生了品牌忠诚度已死的说法。所以，不能为了品牌独特性而去做独特性。还是要回到消费者在某些场景中做决策时可能会遵循的线索，比如说心智中的常识，从这里构建品牌大渗透。

在传统营销中，我们总是先通过调研了解消费者的需求，然后对消费者进行分类，选择核心的目标消费者,然后再制定相应的沟通策略。然而大渗透理论认为,这样的消费者或者叫这样理性的消费者其实并不存在。大部分消费者只是凭着自己的印象、感觉、常识,在一个场景中进行决策。所以这个时候营销大渗透和品牌的独特性,对于消费者的影响特别重要。

第三部分:三浪叠加模型中传统1.0品牌何去何从

跳出三九品牌,反观市场,宝洁近几年的发展令人惊喜。前几年砍掉了上百个小的品牌,从去年到今年OLAY品牌(隶属宝洁旗下)的多个产品做得很成功,尤其是在互联网上的"种草""拔草"模式、排队秒空模式都成为行业里的经典案例。同时,从年报也可看出,又有二十个左右"小而美"的宝洁品牌,通过跨境电商在中国市场上取得了非常高的增长,可见传统零售模式已经逐渐淡出了人们的视线。

结合曾鸣老师《智能商业》这本书中提到的三浪叠加模型:传统品牌处于1.0生态系统中,互联网化的品牌构成了2.0生态系统,3.0生态系统则拥有网络协同和数据智能的属性。举例来说,零售行业1.0是传统百货行业,零售行业2.0是国美、苏宁这样的企业,零售行业3.0则是淘宝等电商。

所以我们假设未来的健康产业也会有1.0、2.0、3.0,那么有没有可能现在在1.0传统领域里领先的品牌,在未来3.0的生态中会遇到大的挑战。因为从3.0生态的网络协同和数据智能的特点来看,在3.0阶段的品牌可能需要更高的个性化以及更强的数字化运营能力,就像现在给宝洁带来快速增长的那些"小而美"的品牌。

1.0、2.0、3.0事实上是一个消费者结构性的分流,由于2.0和3.0在数字化的基础上追求个性化,使其消费者越来越多,同时,留存在传统1.0的消费者会越来越少。另外,在2.0和3.0数字化营销的影响之下,消费者的心智或者说常识会发生变化,也会影响1.0的消费者选择。

选择1.0的消费者有消费升级需求的时候,极有可能在新的价格带上选择新的领导性品牌。所以对于目前在1.0传统领域中处于领导地位的品牌而言,品牌大渗透要融合市场的新变化,才能持续地保持竞争优势。

WonderLab：快速增长的新锐品牌如何从 0 到 1

本篇内容由本人在 HBG 品牌研究院分享的内容编辑而成。主要回顾总结 WonderLab 在建立初期快速增长背后的策略与规律。

消费品行业是一个黑马频出的行业。而且，出现黑马的节奏在不断加快。过去是十年一换代，如今是三年一换代，甚至一年一换代。譬如最新出现的消费品行业黑马 WonderLab，上市仅一年就已经成为垂直品类的第一。WonderLab 凭什么能够在一年内就增长为品类第一？增长的核心驱动因素是什么？是如何起步的？后续的持续增长潜质如何？曾经遭遇过哪些问题和教训，是值得消费品同行们借鉴的？本篇内容将会详细拆解。

第一部分：起步和背景——大赛道、有经验

WonderLab 选择先从"代餐"细分品类切入，进而延展至"美容营养"品类，其实都是在"大赛道"思维下的正常和正确选择。所谓正常，是指但凡有过创业经验且前期有过挫折或失败的同仁，都会认同对于创业而言，选择"赛道"是最重要的第一步。

所谓赛道，首先是市场空间，包括现有市场空间以及潜力市场空间。代餐品类一开始可能并非传统意义的大赛道，但属于典型的新兴大品类，消费品行业总是不乏这类品类迭代、新品类凶猛增长的机会，一方面是因为需求端的消费升级与消费规模增长；另一方面则是源于供应端的新品牌大量涌入，共同做大市场渗透率。譬如近两年的彩妆行业也是如此，不断涌入新品牌，共同做大彩妆市场渗透率。

WonderLab 的团队背景，其实和最近几年崛起的年销售额 10 亿元消费品品牌很类似：其一，拥有宝洁等外企、腾讯等互联网平台，连续创业成功的创始人组合，丰富而多元的行业经验，以及连续的创业经验都是此次创业成功的背后核心因素。其二，骁勇善战、创意满满且稳定团结的"90后"执行团队，是保证所有执行能够迅速落地的关键。其三，提前引入制度化和专业化的公司管理体系、产品管理体系，以及 ROI 管理体系，是持续执行的保证。近几年显而易见的转变是，创业开始职业化、专业化、团队化，很少再有纯粹草根起家的案例，或者凭借个人英雄理想主义就逆袭的案例。能够迅速增长的品牌团队基本都是拥有专业背景和行业经验的团队与"90后"年轻执行团队的组合。

第二部分：初创品牌任务繁多，核心目标抓什么

许多初创的消费品品牌，会将 80% 的精力用在内部的品牌定位、产品设计，而非外部大渗透，比如过于追求品牌定位如何更加差异化，产品如何让人觉得很惊艳，幻想酒香不怕巷子深，对于品牌和产品本身寄予不切实际的期望，认为只要有好定位和好产品就会自然而然有好口碑，而不用主动对外大渗透。但其实，从 0 到 1 的初创阶段，大渗透才是最重要的工作。

WonderLab 正是将"大渗透"作为初创阶段的核心目标，认为所有的营销活动、渠道活动等都应该围绕大渗透展开，先保证品牌从 0 到 1 让更多的顾客能认识并买到，随后伴随着顾客的口碑反馈和市场反馈，逐步迭代产品与定位。

为什么 WonderLab 认为大渗透才是初创阶段最核心的目标？这是因为他们清晰地认知到品牌增长的底层逻辑。品牌增长的根本驱动因素并非定位、差异化、包装设计、流量运营、渠道分销等，而是要回归到最根源的顾客层面：品牌增长到底是来源于更多的顾客，还是更高的购买频次或者客单价的提升？

在理论中，三者皆有。但在现实当中，往往另有真相。

真相 1：同一个品类相互竞争的品牌的购买频次往往是相差无几的，品牌很难改变顾客的购买频次。

即便是通过某些营销活动让顾客增加了购买频次，也往往是带动了整个品类的购买频次，提升了品类中几乎所有品牌的购买频次，而非单独某个品牌。比如益达口香糖做过的经典事件营销"每次嚼两颗"，虽然短期内促进了益达口香糖的销量增长，但长期并未对益达口香糖的市场份额形成显著性影响,因为顾客吃口香糖的频次在不同品牌上的表现是类似的。

真相2:品牌往往也很难通过涨价来促进销量增长。

涨价会提升顾客购买门槛,造成顾客流失或者顾客规模缩减,对整体销量的帮助变化不大。对品牌增长真正有帮助的,并非是品牌的重度顾客或者忠诚顾客,而是轻度顾客和新顾客,这也是近几年新锐品牌之所以增长迅猛的原因。它们吸引了大量的轻度顾客和新顾客,大大拓宽了整个品类的顾客规模,也就是说,新锐品牌都在不断提高整个品类的渗透率,做大整个市场,而非抢夺传统品牌的重度老顾客。

总之,品牌增长的最大驱动因素就是大渗透,也就是顾客渗透率的增长,只有越来越多的顾客购买品牌,才能真正促进品牌销量增长与市场份额增长。

第三部分:初创品牌没有钱,如何大渗透

许多同行对于大渗透有误解,认为大渗透就是高投入。其实大渗透不是让品牌盲目地投入,而是要巧妙投入,在有限预算内最大限度做好大渗透。无论有多少预算,都可以在力所能及的范围内刺激品牌渗透率,不断地拉新获客。

大渗透是每一个品牌实战操盘手都应该具备的基本战略思维,只要亲自操盘过品牌(请注意,这里是指整体操盘,而非局部执行),都会从实践中感知"渗透"对于品牌增长的重要性。

现实中,许多不重视外部大渗透的品牌其实是有预算的,只是思想上不重视。而许多没有多少预算的初创品牌,却在竭尽所能,不浪费任何机会争取更多的外部渗透机会。

初创品牌从0到1的过程中,可能面临许多工作任务,也会面临预算紧张的现实情况,但不可因为预算少或者任务繁多,而忽略大渗透这个品牌增长核心任务。要知道,几乎很少有品牌一开始就有大量营销预算,数以千万计的大品牌也都是从小预算的过程中走过来的,能够促使小品牌成长的核心关键正是品牌操盘手始终坚持以大渗透为品牌增长核心目标。

WonderLab也正是如此。品牌从一开始创立就面临预算紧张和新品开发、供应链管理、营销拉新、渠道运营、团队管理、融资财务等各种繁复的问题，但创始人摆在第一位的核心任务依然是想尽办法促进品牌在顾客群体中的大渗透，这一点是非常难得的战略选择。大渗透不能仅仅是停留在创始人头脑中的策略，而要自上而下地贯彻整个团队，这一点才是真正考验创业团队能力的时刻。毕竟，实操起来，就会发现，80%的团队问题源于认知不统一。并且，为了统一内部所有人的思维，WonderLab创始人不仅亲自为团队反复培训核心战略，也邀请外部同仁到内部为团队做培训。

第四部分：营销大渗透 vs 渠道大渗透——初创品牌如何选

大渗透的途径有两个：营销大渗透、渠道大渗透。对于初创品牌而言，在资源有限的情况下，应该首选哪个？一方面取决于市场现状，另一方面取决于每个品牌的资源条件，比如有强大渠道资源的初创品牌，一开始往往会采用渠道大渗透为主，营销大渗透为辅的增长策略。而有强大营销资源的初创品牌，则相反，会把更多精力放在营销上。

到底哪一条路更适合初创品牌？理论界可能会讨论优劣，但现实中，其实不存在优劣对比，条条道路通罗马，只要有助于提升顾客渗透率，都可以促进品牌销量增长。往往增长到一定阶段，这两条路也会殊途同归。

作为初创品牌，WonderLab创始团队作为消费品行业的连续创业者，本身积累了渠道资源，也具备清晰的营销策略思维，所以资源相对平衡。初期，以天猫渠道为阵地，从0到1开始搭建品牌、营销拉新，促进品牌在新顾客中的渗透率。

具体到营销大渗透的执行中，很多人可能会好奇到底现在有没有"流量洼地"，是否能找到流量洼地一炮而红？这很难，没有所谓的流量洼地，或者说没有什么现成的，必须要培养团队在红海流量池里面挖掘高转化的强大执行力，仅靠单一平台就能爆火的初创品牌，往往背后都有全域口碑运营的支持，以及对某个平台的深入挖掘。

对于品牌而言，"洼地"是一个结果，而非一个起点。"洼地"要靠团队日复一日的刻苦运营，而非从天而降。人人都知道头部主播李佳琦、薇娅等是所谓的"成功捷径"，但问题是，光知道没用，必须要搞定才是最后结果，这还得靠团队资源与努力奋斗。

受限于预算，初创品牌往往会选择聚焦于一个平台/流量圈层，或者叫"饱和式渗透"。但到底选择哪个平台，并没有标准答案，比如 WonderLab 初期微博运营的 ROI 表现极好，与其他抱怨"微博太水、很难运营"的品牌相比，也算是别具一格，探索出一条属于自己的成功模式，但这不是白来的，也不是现成的，而是经过团队日复一日地扎实运营才实现的结果。

总之，每个品牌因为擅长的领域以及团队能力存在差异，可能有不同的流量运营模式以及 ROI 效果，不同品牌尤其是不同品类之间，很难完全参考。

而品牌的起步不能只靠营销，往往初创品牌的营销 ROI 会受限于"规模界值"而迟迟无法实现。要了解营销大渗透必须要到达一定界值才能产生真正的指数级效果，ROI 和规模是相辅相成的，规模越大，越有机会突破"界值"，提升 ROI。那么这时，如果仅仅只做营销，而不重视渠道大渗透，就会面临持续亏损，品牌越做越小的窘境。

所以，渠道大渗透和营销大渗透要相辅相成，渠道大渗透并不是简单粗暴的渠道分销，仅靠单一渠道也有机会做到大规模的渠道大渗透，衡量大渗透效果的永远都是顾客渗透率。相比进入更多渠道，如果品牌在单一渠道能够触达更多顾客，为什么不先聚焦在单一渠道呢？

对于品牌操盘手而言，切不可只按照套路来，要根据自己的实际情况进行渠道布局，如果具有单一渠道的运营优势，则聚焦单一渠道的积极渗透更为现实；如果不具备单一渠道的运营优势，而具备开拓分销的能力，则选择渠道分销，也一样有机会促进渗透。当然，单一渠道是有"渗透壁垒"的，往往品牌增长要跨越阶梯，要靠"多渠道渗透"来解决。毕竟，回归到最底层的顾客逻辑，顾客是在各种渠道进行购买的，每个渠道都有渗透顾客的机会。

第五部分：初创品牌如何建立和夯实品牌资产

流量时代的到来会给同仁们造成一种错觉——是不是可以不那么辛苦地塑造品牌了？或者说塑造品牌的努力比不上一次流量带货的效果？其实不然。品牌与流量并不是天然仇敌，品牌也并非只有一种塑造途径，流量带货的同时也依然可以传播品牌，积累品牌认知。

这里面的核心关键是到底什么是品牌？什么是我们应该在日常各种营销和渠道执行中贯彻始终的品牌资产？很多人对品牌有一种误解，认为品牌必须是一种理想、一种情怀或者某种高大的形象。其实，回归到最底层的顾客逻辑，品牌之所以存在，是为了方便顾客记忆和辨识。

从这个基本意义而言，品牌的首要目的并不是建立高大的形象，而是让顾客记住，并且能够渗透到更多顾客心智中去，只有顾客认为的才是品牌真正的样子。所以，要贯彻营销大渗透，或者渠道大渗透整个过程的是期望顾客能够记忆和辨识的品牌名字以及品牌资产。

初创品牌的名字是最为独特的，随着品牌增长，资产型元素往往也会起到"品牌名字"的同等作用，比如即使只有麦当劳的半个M，也会让顾客迅速联想到麦当劳品牌；听到脑白金的音乐，会让顾客马上联想到脑白金。这就是品牌资产的力量。

品牌资产必须要从一开始就有清晰的设定，而且尽量不要太多，因为很难同时传播多种信息。同时一旦设定品牌资产，就要坚定不移地贯彻执行，始终如一，坚持不懈，唯有坚持，才有可能植入顾客认知，夯实顾客认知。

许多品牌同仁特别纠结于品牌资产的审美，常常追求创新，容易被花哨的营销概念吸引，然后折腾自己的品牌，一天三遍，朝令夕改，结果导致品牌资产混乱无序，也无法传递给顾客，更无从谈起"品牌建设"了。

WonderLab从一开始就建立了相对清晰的品牌独特性资产体系，蓝色主色调、胖胖的瓶形、女模特的身姿等，这套体系虽然还有待完善，但足以方便顾客记忆和辨识。团队执行中，尽量不浪费任何一个宝贵的推广机会，植入品牌独特性资产，加深顾客对品牌的认知。

第六部分：初创品牌如何系统化开发新产品

坦诚讲，对于新创品牌，谈"系统"是相对不现实的，往往都是在"乱糟糟"的氛围中突飞猛进，随着不断增长而进行不断地修修补补，逐步实现系统化。对于初创品牌而言，首先不是如何系统化的问题，而是先要搞清楚是否到了该系统化的阶段。如果到了，就要大胆采用系统化的制度和程序；如果没有到，就不要过于纠结程序与系统。

WonderLab 的新品开发系统也是伴随着品牌快速增长而逐步建立的，这里涉及从市场调研，到产品研发、产品定位、产品上市计划，再到供应链落地、库存管理的整个链条。

在产品上市计划的制定上，往往会面临许多问题：

（1）产品一旦多起来，到底该主推哪个，次推哪个？

（2）营销资源如果只够推 1 个产品，如何抉择？

（3）新品上市的频率应该如何确定？

（4）推广的节奏如何确定？

（5）如何设计产品线？

这些问题因品类而异，因为每个品类的顾客洞察是不一样的。对于复购率高的品类，往往不用过于依赖新品，一个经典款也足以支撑品牌；对于复购率低的品类，往往不得不加快新品上市节奏。但通用的基础法则依然是增强顾客大渗透。主推最有可能赢得顾客心智的产品，集中打造黄金单品，进而不断复制和验证成功模式。

关于如何设计产品线，是一个宏大而复杂的专业话题。传统意义的产品线设计是为了满足目标顾客的不同需求，有助于销售连带，促进顾客客单价提升，或者缩短顾客购买周期。但当下的产品线设计已经不仅仅局限于此：第一，对于目标顾客的界定大大拓宽，不再是传统意义的"顾客定位理论"；第二，并不一定是满足不同需求，有可能是同一个需求做自我替代；第三，不一定仅仅依赖自己开发新品，还可以通过异业合作等方式扩充产品供给；第四，定价是个更大的命题，产品线设计中最困难的就是定价。总之，产品是品牌的根基，产品创新是品牌增长的"加持力量"。营销大渗透和渠道大渗透解决的是快速增长问题，如果想要持续增长，就不得不重视产品品质和产品创新。

第七部分：盈利模式与人才模式——初创品牌的命脉

以上所有的讨论，都是基于两个基本前提：品牌盈利模式或者方向正确、品牌人才模式或者方向正确。唯有具备这两个基本前提，才能保证所有的"增长"是有意和价值的。否则就会引发根本的生意模式与逻辑问题，导致"增长"如水中月一般风险巨大，即便"增长"的过程充满惊喜的，但"增长"的根基与模式是有问题的。

消费品行业作为完全竞争市场上的品类，它的增长模式本质上并不复杂，无非是供需两端，开源节流。但现实操盘中，很可能会遇到很多问题：

（1）成本居高不下怎么办？

（2）无法持续开源增长怎么办？

（3）无法形成相对持久的顾客竞争壁垒怎么办？

（4）团队跟不上怎么办？

WonderLab 团队因为连续创业的背景，对生意模式本身的敏锐度相对其他完全从 0 开始的团队而言，更为成熟，不会沉迷于短期的品牌增长，而更关注长久的品牌盈利模式，并从一开始就关注团队建设与培养。

总之，品牌操盘不是纸上谈兵，现实中往往问题较多。品牌增长也不是一个线性单向行为，而是一个系统化的综合性复杂工程，不是只做好一个单一层面就万事大吉。这背后，考验的不仅是操盘手的胆识，更是战略眼光，以及团队的执行力。在如今这个"专业化创业"的新时代，这些来自大赛道的有经验者，无一例外展示了非凡的胆识、理性专业的品牌思维、坚韧不拔的毅力，以及对于团队建设的重视与及早付出。而这就是当下消费品行业黑马不断、后浪迭起的根本原因。

附录：关于品牌增长的经典问题

Q1：母品牌开发了很多新品牌，但新品牌都很小，预算有限，该如何大渗透？

A1：这是两层问题。第一层面，小预算如何大渗透？第二层面，集团内部如何分配资源？关于第一层面，小预算如何做大渗透？可以尝试有限范围内的大渗透，比如做圈层大渗透、区域大渗透，以及事件营销，当然事件营销的成功是可遇不可求的。所以如果想要增长，还是踏踏实实地做好区域和圈层大渗透。关于第二层面，有时往往并不是预算少，而只是分配不平衡而已。因此，在做新品规划时就要做好预算规划。

Q2：品牌不断延伸时，是聚焦在已有爆品，还是推陈出新？是要推整个品牌，还是只推某个子系列？

A2：要回答这个问题，还是要回到顾客层面。复盘我们品类的顾客需求是否已经被满足，以及我们在这些需求子集中是否具备制胜因素。将预算聚焦于已经有相对最大制胜因素的系列和产品上，更有利于做好"大渗透"，而非面面俱到。同时，要优先推广有助于拉新的产品。因为拉新永远是品牌最核心的工作，大渗透的核心目的也是拉新。随着拉新水平和渗透水平的不断增加，顾客忠诚度也会随之增加。

Q3：大渠道平台支持低价的大流量品牌，如何做好相对高端的品牌？

A3：每个价位都有成功品牌。大电商平台基于算法和内部机制等，可能会看似支持低价大众品牌，但并不妨碍在中高端价位甚至高端价位上，依然有成功增长的品牌。

这背后的根本原因是顾客价值。顾客在衡量品牌价格时，并非基于绝对值，而是基于相对价值。具有高附加值的品牌，即便单价比竞品高，也会有顾客买单，就是因为顾客认可这个附加值，比如疯狂追求限量版奢侈品的顾客。

相对高端的品牌，和其他大众品牌的本质目标是一样的——品牌增长。只有不断地大渗透，占领顾客心智，提升顾客的心智显著性与购买便利性，才能获得增长。而相对高端的品牌对于大众品牌，还必须增加一个目标——提升品牌附加值，否则会撑不起自己的高价格定位。而提升品牌附加值，不仅仅要靠渠道支持，还需要靠营销大渗透、品牌力塑造和产品力提升。

Q4：潮流变化快，如何做有效的营销？有没有可以复制的成功模式？

A4：很遗憾，没有百分百可以复制的成功模式。现在的营销环境变化非常迅猛，微博、抖音与小红书等平台规则随时都在变化，即便采用有效的模式，可能马上就会失效。与其复制模式，不如复制团队能力。品牌增长的背后，都源于操盘手的战略能力与团队的执行能力。只有建立学习型的组织，找到自驱力强大的团队，才有助于品牌实现持续增长，摸索出属于自己的不同的成功模式。

Q5："英雄品牌"（市场领先品牌）应该如何进行战略选择？

A5：这是属于"王者"的烦恼。处于市场领先地位的品牌，往往会率先发现市场的"天花板"，比如单一品牌往往突破不了年销售额50亿元或者100亿元的门槛，这时又不得不继续投入，但就算投入很多资源，也不一定能够守住市场第一的领先地位和突破品类增长的"天花板"。这时，到底是继续投入"英雄品牌"，还是投入新品牌？这对于品牌的战略部门是巨大的挑战。

这个问题其实很难一概而论。因为所有的战略决策都是基于结果的预判，是客观与主观的结合。客观而言，"英雄品牌"可以通过扩充品类、产品创新，以及持续有效的营销大渗透和渠道大渗透实现增长。但现实中，英雄品牌成功的因素，往往又可能成为其失败的因素，甚至让集团丧失新品牌、新品类的开拓机会。这时考验的，往往是领导人的认知力与魄力。

Q6：目前国内到底是消费升级还是消费降级？品牌如何应对这样的趋势？

A6：确切地说，是既有消费升级，也有消费降级。这两种趋势，不但发生在不同城市、不同顾客群体中，其实也会发生在同一顾客群体中，比如同一个顾客可能在部分品类和品牌上表现出消费升级，而在另外一些品类和品牌上则表现出消费降级，其实这背后的本质驱动是一样的——顾客对于品类和品牌的认知在不断成熟，对品类和品牌的综合价值体验要求在上升。

品牌对于顾客而言，是一种综合性的价值体验，并不是单纯以产品价格来衡量，而是取决于价值与价格的综合对比。当品牌给予顾客的价值体验高于顾客付出的价格时，就算这个价格比较高，顾客也会觉得划算；当品牌给予顾客的价值体验对比价格而言低，就算价格低也会让顾客产生"不划算"的体验。总之，顾客会在自己认知当中，为每一个品类、每一个品牌进行综合的价值体验评估。

品牌无论是针对哪个顾客群，或者哪个市场区域，都不要将目光放在所谓的消费升级或者降级上，而是应该聚焦于如何提供给品类顾客相对较高的价值体验，以不变应万变，只有提供对比品类竞争对手相对更优越的价值体验，顾客才可能选择我们的品牌。

Q7：做新品牌是外部孵化，还是内部孵化？

A7：当下流行的趋势是外部孵化。为什么？因为内部孵化虽然可以享受到充分的资源和支持，但可能因为内部固化的思维，以及领导太多，意见争执不休，程序复杂，最终难以孵化成功。而外部孵化，团队面临更大的自由度，以及不可推托的责任，这使其更有紧迫感，所以不少大品牌都选择外部孵化的道路。

Q8：如何解决产品力和品牌力的冲突？

A8：原则上，产品和品牌是不冲突的，往往产品影响力的提升会带动品牌影响力，反之亦然。但当下很多流量驱动的品牌，因为过于重视营销大渗透，而忽略了品牌资产的积累，造成了品牌在不断增长时，增长效率受到挑战。

这时，要注意加强品牌资产的积累。现实中，很多品牌会雇用咨询公司或者广告策划公司为自己进行品牌升级，制定复杂的品牌差异化战略。但实际上不用这么复杂，还是回到两个最核心的问题。一个是我们能提供的品类价值是什么？许多品牌还没有弄清楚这个问题，还纠结在品牌的情感宣传上，不停地宣传虚无的品牌哲学，但顾客却没搞明白品牌是做什么的。另一个是品牌的独特性资产是什么？只有明晰了独特性资产，才有可能在营销大渗透和渠道大渗透的过程中，不断累积品牌资产。

Q9：如何辨别品牌的核心粉丝是谁，要如何圈住品牌的核心粉丝？

A9：在回答这个问题之前，首先要搞清楚一个本质问题——是否存在所谓的"品牌核心粉丝"？很遗憾，现实中并不存在。品牌即便有忠诚粉丝，这群人也不是顾客的核心。

在本文中我们反复提到，品牌增长的关键不是所谓的"核心粉丝"，而是轻度顾客和新顾客。与其去抓所谓的"核心粉丝"，不如紧扣品牌增长本质，抓住一切机会渗透到更大的顾客群中，吸引更大规模的轻度顾客和新顾客。

Q10：如何通过私域流量维持老顾客？

A10：回答这个问题之前，要知道，私域流量的首要目的不是维持老顾客，而是拉新，其次才是维持老顾客。现实中，私域流量是为了捕捉和承接那些被品牌营销大渗透所触达的轻度顾客与新顾客，他们中很多人可能还没有购买品牌，只是被广告触达，因为各种各样的原因沉淀于品牌的私域流量池中，此时品牌需要在私域范围内继续进行营销大渗透，继续触达这些顾客，从而促成购买。

而至于如何维持老顾客？很遗憾，非常难以实现。因为每个品牌的顾客忠诚度，更多地取决于品牌的市场份额大小，而不受品牌自身深度耕耘与否的影响。这就是大渗透理论中的双重危机定律。

Q11：竞争对手上新非常快，如何与竞争对手竞争？

A11：如果是要攀比上新速度，可以围绕如何提升新品上市流程来讨论。如果是担心因为竞争对手快速上新而影响到竞争态势，则是另外一个问题了。

首先，还是要回到品牌增长的本质来思考问题——上新速度快，到底是不是品牌增长的核心驱动力？很遗憾，不一定。品牌增长源于大渗透，至于持续产品创新，并不一定是必须的。市场上太多品牌仅靠单一经典产品也能持续渗透，成为市场领先。

持续的产品创新，如果不是服务于品牌增长的终极目的，而只是为了创新而创新，就很容易失败。这一点在许多衰败品牌的案例上屡见不鲜，错以为自己的品牌衰败的原因是产品不创新，开始拼命改进产品，忽略了大渗透，结果好不容易做出内部非常满意的新产品，却依然触达不了真实顾客。所以，与竞争对手比较，不可过于纠结中间过程,而是要回到品牌增长的本质来思考问题。

Q12:一二线城市和三四线城市的营销大渗透和渠道大渗透的差异是什么?

A12:这个问题太大了。区域之间确实存在极大的差异,往往是体现在战术层面,比如媒介方式不同、语言方式不同、渠道方式不同,这里面的差异可以列出许多,但关于大渗透的本质战略却是不变的。

很多品牌人因为生活在一二线城市,很容易就会以一二线城市的思维思考三四线城市,虽然大渗透战略正确,但制定了错误的战术,达不到效果后,反而觉得是自己的战略出了问题,又开始改变大渗透战略,结果得不偿失。总之,要让懂市场的团队操作执行层面,要让懂大渗透战略的团队去制定战略。

Q13:小品牌和大品牌的操作差异是什么?

A13:在回答这个问题之前,需要先搞清大小品牌有什么本质上的差异。很遗憾,在同一个品类中,不同品牌之间的本质性差异非常小,大家的区别仅仅在于市场份额大小,只是大品牌比较大而小品牌比较小而已。

品牌的增长本质就是大渗透。无论品牌大小,都要制定以大渗透为核心策略的增长目标。小品牌和大品牌在大渗透的战略上是一样的,只是在战术层面存在一定的差异。小品牌预算比较小,需要用小预算进行尽可能的大渗透,可以采用区域渗透、圈层渗透等方式来进行。

Q14:我们的品牌长期做CS渠道(零售渠道),但CS渠道都是中年用户,如何抓住年轻顾客群?

A14:这个问题困扰着所有CS渠道的品牌们,想要抓住年轻顾客,必须要了解年轻顾客到底在哪里,他们可能很少逛传统的CS渠道,但是现在兴起的一些线下快时尚渠道吸引了非常多的年轻人。同时不可忽略线上渠道,毕竟年轻人大多数都在线上进行购买。而要在传统CS渠道吸引年轻顾客是非常困难的,这是整个渠道的大趋势,而非品牌个体力量所能解决的。

Q15:长期做线下渠道,如何做好线上渠道?

A15:线上线下渠道的冲突是一个老话题,如果要进入两个渠道,必然会面临一定的冲突，问题在于是不是需要同时进入这两个渠道？假如必须要进入，可以采用开发新系列、新品牌、改进产品规格等方式来进入，以避免冲突。

Q16：到处"种草"，但"种草"没有效果，怎么办？

A16：关于"种草"营销没有效果，也是一个老话题，可能源于两个因素。第一，可能是因为投入还不够，没有达到大渗透的临界值。"种草"也必须要达到一定的临界值才可能产生效果，消费者并不是只看到一篇稿子就会信任我们，往往是要看到铺天盖地的"种草"内容，才会在大脑当中形成这个品牌可能是值得信任的印象。第二，可能是因为"种草"的内容不好，导致"种草"效率低下。这一点需要从用户的洞察入手，复盘自己的内容是否匹配用户的洞察，同时是否采用了用户喜欢的口碑性语言进行传播。许多品牌在用生硬的语言进行所谓的"种草"，其实顾客已经对大多数的"种草"内容免疫了。所以要从这两个角度入手，重新复盘自己的"种草"营销、规模投入以及内容效率。

Q17：新品牌从0到1之后，想要再往上增长，如何操作？

A17：新品牌经过从0到1的起步阶段之后，就要开始考虑如何持续增长。持续增长依然离不开大渗透的战略。但是在这一阶段的大渗透战略中，对比前一个阶段有本质的不同，这个阶段要重视品牌的附加值，也就是品牌力的打造，而不能仅仅只是"靠蛮力"去做"种草"营销，去推广产品。因为所有的流量运营和"种草"营销都会有"边际效用递减"的情况，只有品牌的价值提升，品牌的附加值增加，才会降低这种"边际效用递减"的影响。

Q18：我们马上签约代言人，考虑到很多顶流已经有许多代言，担心大众认知过于混乱。而新锐明星们虽然没有杂乱品牌信息干扰，但名气不如顶流，如何选择？

A18：首先代言人也是品牌独特性资产的一部分，作为资产，就可以用独特性资产四象限衡量标准去衡量。可按四象限去划分，比如知名度比较高的，但是独特性不强的是要避免单独使用的资产，在使用此类代言人时，一定要和品牌其他的资产挂钩，从而能稍微提升一下品牌资产的独特性。比如知名度暂时还没有特别高，但相对有独特性的资产，就属于可投资的资产，可以慢慢培养知名度，同时不要忽略和品牌其他的资产绑定，以巩固独特性。

Q19：颜色作为独特性资产，每个品牌都在用，但颜色就那么多，是否最终还是会不够独特？

A19：笔者曾经花了很多年研究色彩，第一，要知道一个基本事实，大千世界人们所能认知到的色彩，你以为很少，但其实非常之多，很多时候它影响的是人们的潜意识记忆。第二，颜色的组合方式也是非常多的。第三，可以将颜色以及其他品牌资产相结合使用。

Q20：有机会引入一些外国品牌，但遇到一个情况，这些品牌在外国有自己的独特性资产，但是到了中国以后，它是没有知名度的，它的很多卖点其实在中国已经是红海了，这种情况下，是不是要重新开发它的独特性资产，还是怎么样做比较好呢？

A20：首先，一定要区分清楚独特性资产和差异化卖点，问题既说到独特性资产，又说到差异化卖点。请把这两者区分开，资产是资产，卖点是卖点。资产就用独特性资产四象限来筛选。至于差异化卖点是另外一个话题，要基于本地市场轻度顾客的痛点去调整。

Q21：有很多的国产品牌原先使用外国牌子的名字，现在要变成中国品牌，这种变化趋势背后的原因是什么？

A21：这个原因其实很现实，有两点。第一，生意做大之后国外市场的合作方/股东和中国市场创始人有分歧，导致不得不考虑分家问题。第二，大渗透是一把双刃剑，它能促进你的品牌增长，但是也能放大你的品牌劣势，许多KOL也会吐槽虚假的品牌故事，所以创始人不得不提前做布局。

Q22：品牌呈现的美丑是以后影响消费者大渗透的主要因素吗？因为"Z时代"年轻人是很讲究审美的？

A22：这个问题应该是所有创意人想问的问题，我们要尊重审美大趋势，因为一个时代有基础的审美趋势，但是不要纠结于审美。因为审美是主观的，不同群体有不同的审美，即便是"Z时代"的年轻人，也有多元化的审美。做品牌还是要回归到品牌增长的本质，逻辑真相就是大渗透，所以做好大渗透是最核心的工作。审美不是说不重要，但对于增长的终极目标而言，大渗透更为重要。

Q23：需要深度产品功能沟通的品类，比如膳食补充剂品类，如何做相对的大渗透，能找到合适深度沟通的营销渠道都已经不是易事了。

A23：首先，回到品牌增长的根本逻辑，还是要做大渗透，不要因为品类的细分市场限制而放弃大渗透的营销渠道。实战中，不要过于纠结细分市场定位，不要将自己的产品想象得过于复杂，认为需要复杂的深度沟通才能解释清楚。其次，深度沟通只是手段不是目的，如果能用最简单的信息沟通清楚品牌/产品，就一定不要过于复杂。正如前文讲到的顾客真相，顾客并没有那么复杂，顾客也没有那么多的时间去了解深度的产品内容。顾客能感知到的竞争对手之间的差异是非常小的。

Q24：品牌起步找目标用户除了在流量平台投放广告还有哪些方式？另外目标用户和实际用户矫正过程中在意传播的品牌定位吗？

A24：先回答第一个问题，首先理论上讲，广告公司或者市场调研公司会帮助你找寻目标客户。但不要过于依赖这些工具，否则就会限制你。所谓的精准，一旦过度就不精准了。其次，起步阶段找目标用户，有时候不是方法问题，而是决定于你的资源与能力。有资金就去做市场调研，去做流量平台投放，没有资金也可以凭借其他资源另辟蹊径。

第二个问题，目标用户和实际用户是存在矫正过程的，但是不要过于纠结这个过程。因为实际上矫正过程中就会发现，实际用户就是品类用户，没有那么多差异化用户。

Q25：互联网行业都在做用户增长，用户运营的价值逐渐被放大，那么对于品牌来说如何构建自己的用户数据库？通过数据触达用户对品牌真正的价值是什么？

A25：这是互联网行业的同仁们进入消费品行业后会遇到的典型问题。

第一，不仅互联网行业，所有的行业都要做用户增长，都要做用户渗透——这才是用户运营的核心价值，而并非复购、留存等。

第二，对于品牌来说如何构建自己的用户数据库？实际一操盘就能自然知道，你肯定会掌握自己的用户数据来源方式，这是一个战术层面的事情。

总之，我们做任何用户运营，核心目的还是为了大渗透，通过数据触达用户对品牌真正的价值就是大渗透。

Q26：有很多大集团大品牌在开发自己的子系列子品牌，子系列子品牌是否会对品牌产生稀释和竞争？

A26：答案是会的。首先，不要怕竞争，大家都是在竞争中增长的，不是说竞争就不增长了，你只要持续不断地做大渗透，别人也在做大渗透，那无非就是你增长得快我增长得慢而已。

其次，宁可让自己的品牌稀释自己，也好过让其他品牌稀释自己。

Q27：现在越来越多平台做精准人群投放，刚开始的ROI很高，后面越来越低，因为行业品类人群有限，这是否意味着这种品类只能做小而美的品牌？还是说，哪怕ROI越来越低也继续投放，等到了一定阈值，就会爆发？

A27：现实世界确实可能存在相对的小品类，规模有限。但中国市场巨大，品类规模也只是相对大小而已，其实都可以做大。规模往往不是限制增长的因素，虽然有可能是融资困难的因素之一。但是要注意，现实世界，不存在小而美的品牌。小而美的品牌是我们创业时遇到困难的一个逃避型想法，是一个美化的概念。

关于ROI，要持续投放，要持续做营销大渗透、渠道大渗透，切不可松懈，因为我们的竞争对手也一样勤奋，日日不间断地做营销和渠道的渗透，只有达到一定的"界值"，营销效率才能提升。如果ROI持续下降，可以从品牌力、内容力、投放力三方面寻找原因。

Q28：重度减肥代餐解决方案，这个品类人群规模小，但是客单价高，不知道算不算小而美的品类，是否适用大渗透理论？

A28：第一，新兴的品牌，预算是有限的，所以时常会想是不是要用小预算去做小而美的品牌？但现实是没有小而美的品牌，当然，短期赚两年钱还是很好的选择，这就取决于创始人的选择，无论是做小而美，还是做大，都是一种选择而已，都很好，不存在高低贵贱之分。第二，我们以为的小品类，其实并不一定很小。所以我们不要人为地限制和细分用户。第三，无论客单价如何、品类如何，都要积极地做大渗透，都要先保证增长。

Q29：品牌在扩充品类的时候，到底是用新品牌承载还是基于现有品牌扩充？如元气森林，是基于什么样的判断扩充乳茶、气泡果汁，又是基于什么样的判断建立新品牌做"外星人""北海牧场"？应该是以品类区分品牌，还是人群，还是场景？

A29：当下大集团都在孵化自己的新品牌，包括很多新锐品牌刚获利就上新品牌了。到底用新系列还是用新品牌来做品牌延伸，其实没有一个绝对的标准，这其实是个人或整个创始团队的选择，两者都有人成功，也有人失败，因为这不是品牌增长的关键要素。

两者的区别在哪里？用新品牌可以没有后顾之忧，用现有品牌，可能就需要考虑对母品牌的影响，是否会稀释其他系列等等。所以要考虑的元素维度要多一些。另外，这也取决于品牌一开始的定位，如果定位太死，之后就很难扩充。名字不要有太大的限制性，当然还是要依据品类、人群、场景来定，看老品牌里面还有没有可延展性，再考虑做新品牌。

Q30：是品牌心智显著性和记忆链接点更重要还是品牌调性更重要？

A30：记忆链接点是建构品牌心智显著性的关键。品牌调性是另外一个维度的命题。理论上，两者并不冲突。但现实中，受限于创始人的情怀、团队的执行能力等等，会出现某些冲突。两者之间，从增长的维度而言，优先选择记忆链接点，次要的是品牌调性。因为品牌调性可以后面再逐步迭代改善。

Q31：从资本市场来看，投资方或者投资人是否特别看重品牌调性设计？

A31：投资方是很现实的，经常以数据为导向，并不会特别关注品牌调性设计。只有在没有数据或者数据不全，投资方没有办法立刻下判断时，所以才会评价几句品牌调性设计。

另外一点要格外注意，投资方大多身处一线城市，对于品牌设计的审美更趋向于一线城市的审美，并不代表普罗大众。所以品牌创始人要谨慎，从科学角度来讲，要为真实顾客创造品牌和产品，才能真正做大市场。当然，投资方看过的项目很多，也会给创始人很多的宝贵建议，值得聆听与学习。但大原则还是如上所说，品牌是为了顾客而生。

Q32：品牌名对于一个品牌的成功，权重有多少？

A32：品牌名字也是独特性资产的一部分，更是基础和前提。品牌名字相当关键，尤其是品牌刚起步时，简单、好记、好辨认的名字会更容易建立顾客心智。但在品牌成长起来后，名字的重要性就相对降低，因为这时候品牌已经建立了名字以外的其他独特性资产，可以辅助顾客来记忆和辨识品牌。

Q33：在新品牌预算有限的情况下，选择什么样的营销手段会比较高效？需要设立"双微"（微信、微博）账号吗？还是抓住一两个平台集中力量？

A33：新品牌应该选择小预算渗透，可以采用圈层渗透、区域渗透、聚焦单一平台渗透、跨界渗透等各种方法。但无论大小预算，所有品牌都要做官方自媒体账号，不限于"双微"，还有抖音、快手，如有精力，都可以做。但要清楚，现实中，官方自媒体账号不能作为拉新途径，只能作为服务阵地、形象阵地、私域阵地。

Q34：一个品牌能同时拥有大众和高端产品线吗？

A34：理论上是不能，但现实中比比皆是。品牌之所以成为品牌，是为了让顾客有方便选择的理由。高端和大众集中在一个品牌名下，会让顾客产生困惑，反而难以选择。但是可以由一个母集团创造几个不同的品牌。

Q35：高端品牌不能做效果类广告吗？

A35：当然能，而且现实中比比皆是，高端品牌也面临增长难题，也要持续不断地用大渗透来拉新，而不只是服务老顾客。但是效果类广告的投放内容以及投放方式的选择要更加谨慎，更注重品牌调性。

Q36：新的高价品牌如何从0到1？

A36：首先，如果是接近于一无所有的创业团队，请慎重选择高价的赛道。其次，如果已经做了高价品牌，则可以尝试如下小预算的大渗透方式：

（1）借势权威背书来渗透；

（2）圈层渗透；

（3）小规模事件营销造势；

（4）巧妙进行跨界渗透；

（5）从国外向国内反渗透。

Q37：品牌故事必须从个人故事出发吗？必须卖情怀吗？必须讲一个动人的故事吗？

A37：并不一定。以个人故事出发确实会增加真实的感觉，只是要注意，个人 IP 有崩塌风险。品牌讲情怀故事六七年前可能还受欢迎，而现在的消费者不太吃这一套，所以我们只要把真实故事表达出来就可以了。但必须是动人的故事，不要写类似"为了创造更美好的品牌"这类不痛不痒的故事。打动人心是第一位的。

Q38：品牌价值里必须有情感价值吗？

A38：如果有余力，最好能够有情感价值，但不必过于纠结体现什么样的情感价值，因为情感价值是可以迭代变化的。品牌增长的初期阶段，品牌创始团队往往没有精力传达情感价值，等到品牌增长起来后，可以挪出精力来关心品牌情感价值的塑造。当然，如果能一开始就有相对明确的情感价值，会更有利于传达品牌价值。

Q39：品牌价值必须有 POD（差异化价值）吗？

A39：品牌初期有没有 POD 都没关系，先把 POP（通用价值）做好就可以，并不一定要差异化或者为了创新而创新。很多创始人失败，都是因为过于执着于创新，而忽略了消费者可能只希望有一个更优越的方案，而不是一个"创新"的方案。可以在品牌增长起来后再塑造 POD，毕竟如果要融资，或者进一步发展，还是需要创新和差异化来支撑的。

结　语

作为一位经历过世界500强跨国品牌、国内领先民企品牌，以及自营品牌的实战操盘手，在过去10多年，我也经常遇到实战层面的问题。而这些问题常常在传统的营销著作、品牌著作中找不到答案。在自媒体日益发达的当下，关于"品牌秘诀"的各种文章十分繁多，但大多数只是噱头，不具有普适性。

直到创建HBG品牌研究院，经过大量的理论研究与实战总结，才让我以及身边的品牌创始人朋友们，开始对品牌增长的真相有所了解。HBG品牌研究院过去多年专注品牌研究，形成了诸多的品牌实战理论模型，包括品牌增长、品牌建设、创意设计、品类赛道选择、产品规划、营销大渗透、渠道大渗透、多品牌管理、品牌定价、品牌组织方法论等一系列内容，这些理论模型都是基于全球各个市场的大量数据与品牌案例总结而成的系统化理论，反映了真实市场上的品牌真相。

所谓的真相并不是不为人知的秘诀，反而只是常识。正是因为品牌增长的真相是常识，才会有许多快速增长的传统品牌，它们虽然并不知道各种品牌系统化理论模型，但是早已在自己的品牌实战中广泛应用，这些早已成功的企业家深知，唯有不断扩大自己品牌在广大顾客群体中的渗透率，才能刺激品牌增长。而当下的新锐品牌，虽然采取了与传统品牌截然不同的营销大渗透方式或渠道大渗透方式，但它们在战略层面上和传统品牌一样，都采用了大渗透品牌增长模型。

从2016年至今，HBG品牌研究院举行了每年一届的年度论坛，邀请来自不同行业，不同品牌的实战操盘手分享实战领域的品牌案例，也再次验证了大渗透品牌增长理论在不同行业中的普适性。至今HBG品牌研究院已经集聚了来自全球的知名品牌及国内领先品牌，包括新锐增长型品牌的CEO/VP/CMO级别的操盘手。未来HBG品牌研究院还将继续展开对中国市场品牌增长、品牌建设的深度研究，并将其投入实战操盘中进行实践检验。

致　谢

在此感谢 HBG 品牌研究院的各位智库导师对于研究院的支持，他们向行业同仁无私分享关于品牌操盘的实战案例，也为本书提供了重要的内容支持。尤其感谢"凯度中国"对 HBG 品牌研究院以及对本书的支持，"凯度中国"是全球领先的消费者行为研究机构，借助连续监测、高级分析市场数据来定制市场解决方案。感谢"凯度中国"的虞坚老师与陈松老师无私分享关于中国市场的品牌实证数据案例。

感谢何亚斌、于子恒、祝鹏程、徐益峰、尹晓峰、黄勇、邵伟、张山峰、尹相柱、Michael、Jack 许、张锐、唐亮 TT 等 HBG 智库创始人、导师，以及各位前辈、同行对我多年以来的支持和鼓励，也正是他们启发了我写一本更切合中国市场的品牌增长理论著作，并对我修改、调整、完善大渗透品牌增长理论提供了非常多的宝贵建议。

感谢 HBG 品牌研究院上千位实战派操盘手会员的支持，是你们的支持让 HBG 品牌研究院获得更多中国市场的案例，更多中国市场上品牌操盘的实践经验，并由此验证了 HBG 系统品牌方法论在各个行业的普适性。

期待在未来，HBG 品牌研究院能够继续创作系列著作，为品牌同仁们带来更多的实战参考与理论指引。但是要强调，不存在 100% 完美的理论，品牌创始人和操盘手要根据自己品牌的实际情况来进行灵活应用。

如对本书有任何疑问，或者希望咨询 HBG 品牌研究院的信息，欢迎联系我！

麦青 Mandy

参考文献

[1] 拜伦·夏普. 非传统营销 [M]. 麦青, 译. 北京: 中信出版社, 2016.

[2] 杨飞. 流量池 [M]. 北京: 中信出版社, 2018.

[3] 张本伟, 赵鑫, 杨琰华. 单点突破 [M]. 北京: 中信出版社, 2016.

[4] 史玉柱, 优米网. 史玉柱自述: 我的营销心得 [M]. 文汇出版社, 2017.

[5] 艾·里斯, 杰克·特劳特. 定位 [M]. 邓德隆, 火华强, 译. 机械工业出版社, 2017.

[6] 庄贵军. 营销管理 [M]. 中国人民大学出版社, 2015.